BAJAZET,

TRAGEDIE.

PAR

Mr. RACINE.

Suivant la Copie imprimée

A PARIS.

M. DC. LXXII.

QUoy que le sujet de cette Tragédie ne soit encore dans aucune Histoire imprimée, il est pourtant tres-veritable: C'est une avanture arrivée dans le Serrail, il n'y a pas plus de trente ans. Monsieur le Comte de Césy estoit alors Ambassadeur à Constantinople. Il fut instruit de toutes les particularitez de la mort de Bajazet; & il y a quantité de Personnes à la Cour qui se souviennent de les luy avoir entendu conter, lors qu'il fut de retour en France. Monsieur le Chevalier de Nantoüillet est du nombre de ces Personnes. Et c'est à luy que je suis redevable de cette histoire, & mesme du dessein que j'ay pris d'en faire une Tragédie. J'ay esté obligé pour cela de changer quelques circonstances. Mais comme ce changement n'est pas fort considerable, je ne pense pas aussi qu'il soit necessaire de le marquer au Lecteur. La principale chose à quoy je me suis attaché, ç'a esté de ne rien changer ny aux mœurs, ny aux coustumes de la Nation. Et j'ay pris soin de ne rien avancer qui ne fust conforme à l'Histoire des Turcs, & à la nouvelle Relation de l'Empire Ottoman, que l'on a traduite de l'Anglois. Sur tout je dois beaucoup aux avis de Monsieur de la Haye, qui a eû la bonté de m'éclaircir sur toutes les difficultez que je luy ay proposées.

ACTEURS.

BAJAZET, Frere du Sultan Amurat.

ROXANE, Sultane, Favorite du Sultan Amurat.

ATALIDE, Fille du Sang Ottoman.

ACOMAT, Grand Visir.

OSMIN, Confident du Grand Visir.

ZATIME, Esclave de la Sultane.

ZAIRE, Esclave d'Atalide.

La Scene est à Constantinople, autrement dite Bysance, dans le Serrail du Grand Seigneur.

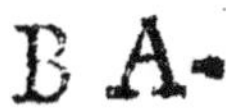

BAJAZET,

TRAGEDIE.

ACTE PREMIER.

SCENE PREMIERE.

ACOMAT, OSMIN.

ACOMAT.

Vien, ſuy-moy. La Sultane en ce lieu ſe doit rendre.
Je pourray cependant te parler, & t'entendre.

OSMIN.

Et depuis quand, Seigneur, entre-t-on en ces Lieux,
Dont l'accés eſtoit meſme interdit à nos yeux ?
Jadis une mort promte euſt ſuivy cette audace.

ACOMAT.

Quand tu ſeras inſtruit de tout ce qui ſe paſſe,
Mon entrée en ces Lieux ne te ſurprendra plus.
Mais laiſſons, cher Oſmin, les diſcours ſuperflus.
Que ton retour tardoit à mon impatience !
Et que d'un œil content je te voy dans Byſance !
Inſtruis-moy des ſecrets, que peut t'avoir appris
Un voyage ſi long pour moy ſeul entrepris.
De ce qu'ont veû tes yeux parle en témoin ſincere,
Songe que du recit, Oſmin, que tu vas faire,
Dépendent les deſtins de l'Empire Ottoman.
Qu'as-tu veû dans l'Amée, & que fait le Sultan ?

OSMIN.

Babylone, Seigneur, à ſon Prince fidelle,
Voyoit ſans s'étonner noſtre Armée autour d'elle.
Les Perſans raſſemblez marchoient à ſon ſecours,
Et du Camp d'Amurat s'approchoient tous les jours.

Luy-mesme fatigué d'un long Siege inutile,
Il parloit de laisser Babylone tranquile,
Et sans renouveller ses assauts impuissans,
Résolu de combattre, attendoit les Persans.
Mais comme vous sçavez, malgré ma diligence,
Un long chemin sépare & le Camp & Bysance.
Mille obstacles divers m'ont mesme traversé,
Et je puis ignorer tout ce qui s'est passé.

ACOMAT.

Que faisoient cependant nos braves Janissaires?
Rendent-ils au Sultan des hommages sinceres?
Dans le secret des cœurs, Osmin, n'as-tu rien lû?
Amurat joüit-il d'un pouvoir absolu?

OSMIN.

Amurat est content, si nous le voulons croire,
Et sembloit se promettre une heureuse victoire.
Mais en vain par ce calme il croit nous éblouïr.
Il affecte un repos, dont il ne peut joüir.
C'est en vain que forçant ses soupçons ordinaires
Il se rend accessible à tous les Janissaires.
Il se souvient toûjours que son inimitié
Voulut de ce grand Corps retrancher la moitié;
Lors que pour affermir sa puissance nouvelle
Il vouloit, disoit-il, sortir de leur tutele.
Moy-mesme j'ay souvent entendu leurs discours,
Comme il les craint sans cesse, ils le craignent toûjours.
Ses caresses n'ont point effacé cette injure.
Vostre absence est pour eux un sujet de murmure.
Ils regrettent le temps à leur grand cœur si doux,
Lors qu'assurez de vaincre ils combattoient sous vous.

ACOMAT.

Quoy, tu crois, cher Osmin, que ma gloire passée
Flatte encor leur valeur, & vit dans leur pensée?
Crois-tu qu'ils me suivroient encore avec plaisir,
Et qu'ils reconnoistroient la voix de leur Visir?

OSMIN.

Le succés du combat reglera leur conduite.
Il faut voir du Sultan la victorie ou la fuite.
Quoyqu'à regret, Seigneur ils marchent sous ses lois,

Ils ont à soûtenir le bruit de leurs exploits.
Ils ne trahiront point l'honneur de tant d'années.
Mais enfin le succés dépend des destinées.
Si l'heureux Amurat secondant leur grand cœur
Aux champs de Babylone est declaré vainqueur,
Vous les verrez soûmis rapporter dans Bysance
L'exemple d'une aveugle & basse obeïssance.
Mais si dans ce combat le Destin plus puissant
Marque de quelque affront son Empire naissant;
S'il fuit; ne doutez point que fiers de sa disgrace
A la haine bientost ils ne joignent l'audace,
Et n'expliquent, Seigneur, la perte du combat,
Comme un Arrest du Ciel qui reprouve Amurat.
Cependant, s'il en faut croire la Renommé,
Il a depuis trois mois fait partir de l'Armée
Un Esclave chargé de quelque ordre secret.
Tout le Camp interdit trembloit pour Bajazet.
On craignoit qu'Amurat par un ordre severe
N'envoyast demander la teste de son Frere.

ACOMAT.

Tel estoit son dessein. Cet esclave est venu.
Il a montré son ordre, & n'a rien obtenu.

OSMIN.

Quoy, Seigneur? Le Sultan reverra son visage,
Sans que de vos respects il luy porte ce gage?

ACOMAT.

Cet Esclave n'est plus. Un ordre, cher Osmin,
L'a fait précipiter dans le fonds de l'Euxin.

OSMIN.

Mais le Sultan surpris d'une trop longue absence,
En cherchera bientost la cause, & la vangeance.
Que luy répondrez-vous?

ACOMAT.

Peut-estre avant ce temps
Je sçauray l'occuper de soins plus importans.
Je sçay bien qu'Amurat a juré ma ruine.
Je sçais à son retour l'accüeil qu'il me destine.
Tu vois, pour m'arracher du cœur de ses Soldats,
Qu'il va chercher sans moy les sieges, les combats.

Il commande l'Armée. Et moy dans une Ville
Il me laisse exercer un pouvoir inutile.
Quel employ, quel séjour, Osmin, pour un Visir!
Mais j'ay plus dignement employé ce loisir.
J'ay sceû luy préparer des craintes, & des veilles.
Et le bruit en ira bientost à ses oreilles.

OSMIN.

Quoy donc? Qu'avez-vous fait?

ACOMAT.

J'espere qu'aujourd'huy
Bajazet se déclare, & Roxane avecluy.

OSMIN.

Quoy Roxane, Seigneur, qu'Amurat a choisie
Entre tant de Beautez, dont l'Europe & l'Asie
Dépeuplent leurs Estats & remplissent sa Cour?
Car on dit qu'elle seule a fixé son Amour.
Et mesme il a voulu que l'heureuse Roxane,
Avant qu'elle eust un Fils, prist le nom de Sultane.

ACOMAT.

Il a fait plus pour elle, Osmin. Il a voulu
Qu'elle eust dans son absence un pouvoir absolu.
Tu sçais de nos Sultans les rigueurs ordinaires.
Le Frere rarement laisse joüir ses Freres
De l'honneur dangereux d'estre sortis d'un sang,
Qui les a de trop prés approchez de son rang.
L'imbecille Ibrahim, sans craindre sa naissance,
Traisne, exempt de péril, une éternelle Enfance.
Indigne également de vivre & de mourir, (rir.
On l'abandonne aux mains qui daignent le nour-
L'autre trop redoutable, & trop digne d'envie,
Voit sans cesse Amurat armé contre sa vie.
Car enfin Bajazet dédaigna de tout temps
La molle oisiveté des Enfans des Sultans.
Il vint chercher la guerre au sortir de l'enfance,
Et mesme en fit sous moy la noble experience.
Toy-mesme tu l'as veû courir dans les combats
Emportant apres luy tous les cœurs des Soldats,
Et goûter tout sanglant le plaisir & la gloire
Que donne aux jeunes Cœurs la premiere Victoire.
Mais, malgré ses soupçons, le cruel Amurat

Avant qu'un Fils naissant eust rassuré l'Estat,
N'osoit sacrifier ce Frere à sa vangeance,
Ny du sang Ottoman proscrire l'esperance.
Ainsi donc pour un temps Amurat desarmé
Laissa dans le Serrail Bajazet enfermé.
Il partit, & voulut que fidelle à sa haine,
Et des jours de son Frere arbitre souveraine,
Roxane au moindre bruit, & sans autres raisons,
Le fist sacrifier à ses moindres soupçons.
Pour moy, demeuré seul, une juste colere
Tourna bientost mes vœux du costé de son Frere.
J'entretins la Sultane; Et cachant mon dessein,
Luy montray d'Amurat le retour incertain,
Les murmures du Camp, la fortune des armes.
Je plaignis Bajazet. Je luy vantay ses charmes,
Qui par un soin jaloux dans l'ombre retenus,
Si voisins de ses yeux, leur estoient inconnus.
Que te diray-je enfin? La Sultane éperduë
N'eût plus d'autres desirs que celuy de sa veuë.

OSMIN.

Mais pouvoient-ils tromper tant de jaloux regards
Qui semblent mettre entre eux d'invincibles remparts?

ACOMAT.

Peut-estre il te souvient qu'un recit peu fidelle.
De la mort d'Amurat fit courir la nouvelle.
La Sultane à ce bruit feignant de s'effrayer
Par des cris douloureux eut soin de l'appuyer.
Sur la foy de ses pleurs ses Esclaves tremblerent.
De l'heureux Bajazet les Gardes se troublerent,
Et l'espoir achevant d'ébranler leur devoir,
Leurs Captifs dans ce trouble oserent s'entrevoir.
Roxane vit le Prince. Elle ne pût luy taire
L'ordre dont elle seule estoit dépositaire.
Bajazet est aimable. Il vit que son salut
Dépendoit de luy plaire, & bientost il luy plût.
Tout conspiroit pour luy, Ses soins, sa complaisance,
Ce secret découvert, & cette intelligence,
Soûpirs d'autant plus doux qu'il les falloit celer,
L'embarras irritant de ne s'oser parler,

Mesme temerité, périls, craintes communes,
Lierent pour jamais leurs cœurs & leurs fortunes,
Ceux-mesmes dont les yeux les devoient éclairer,
Sortis de leur devoir, n'oserent y rentrer.

OSMIN.

Quoy, Roxane d'abord leur découvrant son ame,
Osa-t-elle à leurs yeux faire éclatter sa flâme?

ACOMAT.

Ils l'ignorent encore; Et jusques à ce jour
Atalide a presté son nom à cet amour.
Du Pere d'Amurat Atalide la Niéce,
Qui mesme avec ses Fils partagea sa tendresse,
Et fut dans ce Palais élevée avec eux.
Du Prince en apparence elle reçoit les vœux;
Mais elle les reçoit pour les rendre à Roxane,
Et veut bien sous son nom qu'il aime la Sultane.
Cependant, cher Osmin, pour s'appuyer de moy,
L'un & l'autre ont promis Atalide à ma foy.

OSMIN.

Quoy vous l'aimez, Seigneur?

ACOMAT.

Voudrois-tu qu'à mon âge
Je fisse de l'amour le vil aprentissage?
Qu'un Cœur qu'ont endurcy la fatigue & les ans,
Suivist d'un vain plaisir les conseils imprudens?
C'est par d'autres attraits qu'elle plaist à ma veuë.
J'aime en elle le sang dont elle est descenduë.
Par elle Bajazet, en m'approchant de luy,
Me va contre luy-mesme assurer un appuy.
Un Visir aux Sultans fait toûjours quelque ombrage,
A peine ils l'ont choisy, qu'ils craignent leur ouvrage.
Sa dépoüille est un bien, qu'ils veulent recüeillir;
Et jamais leurs chagrins ne nous laissent vieillir.
Bajazet aujourd'huy m'honnore & me caresse.
Ses perils tous les jours réveillent sa tendresse.
Ce mesme Bajazet sur le Trône affermy
Méconnoistra peut-estre un inutile Amy.
Et moy, si mon devoir, si ma foy ne l'arreste,

S'il

S'il ose quelque jour me demander ma teste,
Je ne m'explique point, Osmin. Mais je prétens
Que du moins il faudra la demander long-temps.
Je sçay rendre aux Sultans de fidelles services.
Mais je laisse au Vulgaire adorer leurs caprices,
Et ne me pique point du scrupule insensé
De benir mon trépas quand ils l'ont prononcé.
Voila donc de ces Lieux ce qui m'ouvre l'entrée,
Et comme enfin Roxane à mes yeux s'est montrée.
Invisible d'abord elle entendoit ma voix,
Et craignoit du Serrail les rigoureuses loix.
Mais enfin bannissant cette importune crainte
Qui dans nos entretiens jettoit trop de contrainte.
Elle mesme a choisy cet endroit écarté,
Où nos cœurs à nos yeux parlent en liberté.
Par un chemin obscur une Esclave me guide,
Et... Mais on vient. C'est elle, & sa chere Atalide.
Demeure. Et s'il le faut, sois prest à confirmer
Le recit important dont je vais l'informer.

SCENE II.

ROXANE, ATALIDE, ZATIME, ZAIRE, ACOMAT, OSMIN.

ACOMAT.

LA Verité s'accorde avec la Renommée,
Madame. Osmin a veû le Sultan, & l'Armée.
Le superbe Amurat est toûjours inquiet,
Et toûjours tous les cœurs panchent vers Bajacet.
D'une commune voix ils l'appellent au Trône.
Cependant les Persans marchoient vers Babylone,
Et bientost les deux Camps au pied de son Rempart
Devoient de la bataille éprouver le hazard.
Ce combat doit, dit-on, fixer nos destinées.
Et mesme, si d'Osmin je conte les journées,
Le Ciel en a déja reglé l'évenement,
Et le Sultan triomphe, ou fuit en ce moment.

Déclarons-nous, Madame, & rompons le silence.
Fermons luy dés ce jour les portes de Bysance,
Et sans nous informer s'il triomphe, ou s'il fuit,
Croyez-moy, hastons-nous d'en prévenir le bruit.
S'il fuit, que craignez-vous? S'il triomphe au contraire,
Le conseil le plus promt est le plus nécessaire.
Vous voudrez, mais trop tard, soustraire à son pouvoir
Un Peuple dans ses murs prest à le recevoir.
Pour moy j'ay sçeû déja par mes brigues secrettes
Gagner de nostre Loy les sacrez Interpretes.
Je sçay combien credule en sa devotion
Le Peuple suit le frein de la Religion.
Souffrez que Bajazet voye enfin la lumiere.
Des Murs de ce Palais ouvrez-luy la barriere.
Déployez en son nom cet Estandart fatal,
Des extrémes périls l'ordinaire signal.
Les Peuples prévenus de ce nom favorable,
Sçavent que sa vertu le rend seule coupable.
D'ailleurs un bruit confus, par mes soins confirmé,
Fait croire heureusement à ce Peuple allarmé,
Qu'Amurat le dédaigne, & veut loin de Bysance
Transporter desormais son Trône & sa présence.
Déclarons le péril dont son Frere est pressé.
Montrons l'ordre cruel qui vous fut adressé.
Sur tout qu'il se déclare & se montre luy-mesme,
Et fasse voir ce front digne du diadéme.

ROXANE.

Il suffit. Je tiendray tout ce que j'ay promis.
Allez, brave Acomat, assembler vos Amis.
De tous leurs sentimens venez me rendre conte.
Je vous rendray moy-mesme une réponse pronte.
Je verray Bajazet. Je ne puis dire rien,
Sans sçavoir si son cœur s'accorde avec le mien.
Allez, & revenez.

SCE-

SCENE III.

ROXANE, ATALIDE, ZATIME, ZAIRE.

ROXANE.

Enfin, belle Atalide,
Il faut de nos destins que Bajazet décide.
Pour la derniere fois je le vais consulter.
Je vais sçavoir s'il m'aime.

ATALIDE.

Est-il temps d'en douter,
Madame? Hastez-vous d'achever vostre ouvrage.
Vous avez du Visir entendu le langage.
Bajazet vous est cher. Sçavez-vous si demain
Sa liberté, ses jours, seront en vostre main?
Peut-estre en ce moment Amurat en furie
S'approche pour trancher une si belle vie.
Et pourquoy de son cœur doutez-vous aujourd'huy?

ROXANE.

Mais m'en répondez-vous, vous qui parlez pour luy?

ATALIDE.

Quoy, Madame, les soins qu'il a pris pour vous plaire,
Ce que vous avez fait, ce que vous pouvez faire,
Ses périls, ses respects, & sur tout vos appas,
Tout cela de son cœur ne vous répond-il pas?
Croyez que vos bontez vivent dans sa memoire.

ROXANE.

Helas! Pour mon repos que ne le puis-je croire!
Pourquoy faut-il au moins que pour me consoler
L'Ingrat ne parle pas comme on le fait parler?
Vingt fois sur vos discours pleine de confiance,
Du trouble de son cœur joüissant par avance,
Pour l'entendre à mes yeux m'asseurer de sa foy,
Je l'ay fait en secret amener devant moy.
Peut-estre trop d'amour me rend trop difficile.
Mais sans vous fatiguer d'un recit inutile,

Mes yeux ne trouvoient point ce trouble, cette ardeur,
Que leur avoit promise un discours trop flatteur.
Enfin si je luy donne & la vie & l'Empire,
Ces gages incertains ne me peuvent suffire.

ATALIDE.

Quoy donc? A son amour qu'allez-vous proposer?

ROXANE.

S'il m'aime, dés ce jour il me doit épouser.

ATALIDE.

Vous épouser! O Ciel, que pretendez-vous faire?

ROXANE.

Je sçay que des Sultans l'usage m'est contraire.
Je sçay qu'ils se sont fait une superbe loy
De ne point à l'hymen assujettir leur foy.
Parmy tant de Beautez qui briguent leur tendresse,
Ils daignent quelquefois choisir une Maistresse.
Mais toûjours inquiete avec tous ses appas,
Esclave elle reçoit son Maistre dans ses bras,
Et sans sortir du joug où leur loy la condane,
Il faut qu'un Fils naissant la déclare Sultane.
Amurat plus ardant, & seul jusqu'à ce jour
A voulu que l'on dût ce titre à son amour.
J'en reçeûs la puissance aussi-bien que le titre,
Et des jours de son Frere il me laissa l'arbitre.
Mais ce mesme Amurat ne me promit jamais
Que l'Hymen dust un jour couronner ses bienfaits.
Et moy qui n'aspirois qu'à cette seule gloire,
De ses autres bienfaits j'ay perdu la memoire.
Toutefois que sert-il de me justifier?
Bajazet, il est vray, m'a tout fait oublier.
Malgré tous ses malheurs plus heureux que son Frere.
Il m'a plû, sans peut-estre aspirer à me plaire.
Femmes, Gardes, Visir, pour luy j'ay tout séduit.
En un mot vous voyez jusqu'où je l'ay conduit.
Graces à mon amour, je me suis bien servie
Du pouvoir qu'Amurat me donna sur sa vie.
Bajazet touche presque au Trône des Sultans.
Il ne faut plus qu'un pas. Mais c'est où je l'attens.

Quel

Quel que soit mon amour, si dans cette journée
Il ne m'attache à luy par un juste hymenée,
S'il ose m'alléguer une odieuse loy,
Quand je fais tout pour luy, s'il ne fait tout pour moy;
Dés le mesme moment sans songer si je l'aime,
Sans consulter enfin si je me perds moy-mesme,
J'abandonne l'Ingrat, & le laisse rentrer
Dans l'estat malheureux, d'où je l'ay sçeu tirer.
Voila sur quoy je veux que Bajazet prononce.
Sa perte, ou son salut, dépend de sa réponse.
Je ne vous presse point de vouloir aujourd'huy
Me prester vostre voix pour m'expliquer à luy.
Je veux que devant moy sa bouche, & son visage,
Me découvrent son cœur, sans me laisser d'ombrage,
Que luy-mesme en secret amené dans ces lieux,
Sans estre préparé se presente à mes yeux.
Adieu, vous sçaurez tout apres cette entreveuë.

SCENE IV.

ATALIDE, ZAIRE.

ATALIDE.

Zaire, c'en est fait, Atalide est perduë.

ZAIRE.

Vous!

ATALIDE.

Je prévoy déja tout ce qu'il faut prévoir.
Mon unique esperance est dans mon desespoir.

ZAIRE.

Mais, Madame, pourquoy?

ATALIDE.

Si tu venois d'entendre
Quel funeste dessein Roxane vient de prendre,
Quelles conditions elle veut imposer!
Bajazet doit périr, dit-elle, ou l'épouser.
S'il se rend, que deviens-je en ce malheur extréme?
Et s'il ne se rend pas, que devient-il luy-mesme?

ZAI-

ZAIRE.

Je conçoy ce malheur. Mais à ne point mentir
Vostre amour dés longtemps a dû le pressentir.

ATALIDE.

Ah, Zaïre! L'amour a-t-il tant de prudence?
Tout sembloit avec nous estre d'intelligence.
Roxane se livrant toute entiere à ma foy,
Du cœur de Bajazet se reposoit sur moy,
M'abandonnoit le soin de tout ce qui le touche,
Le voyoit par mes yeux, luy parloit par ma bouche;
Et je croyois toucher au bienheureux moment,
Où j'allois par ses mains couronner mon Amant.
Le Ciel s'est déclaré contre mon artifice.
Et que falloit-il donc, Zaïre, que je fisse?
A l'erreur de Roxane ay-je dû m'opposer,
Et perdre mon Amant pour la desabuser?
Avant que dans son cœur cette amour fust formée,
J'aimois, & je pouvois m'assurer d'estre aimée.
Dés nos plus jeunes ans, tu t'en souviens assez,
L'amour serra les nœuds par le sang commencez;
Elevée avec luy dans le sein de sa Mere,
J'appris à distinguer Bajazet de son Frere;
Elle-mesme avec joye unit nos volontez.
Et quoy qu'apres sa mort l'un de l'autre écartez,
Conservant, sans nous voir, le desir de nous plaire,
Nous avons sçeû toûjours nous aimer & nous taire.
Roxane, qui depuis, loin de s'en défier,
A ses desseins secrets voulut m'associer,
Ne pût voir sans amour ce Héros trop aimable,
Elle courut luy tendre une main favorable.
Bajazet étonné rendit grace à ses soins,
Luy rendit des respects. Pouvoit-il faire moins?
Mais qu'aisément l'amour croit tout ce qu'il souhaite!
De ses moindres respects Roxane satisfaite
Nous engagea tous deux, par sa facilité,
A la laisser joüir de sa credulité.
Zaïre, il faut pourtant avoüer ma foiblesse,
D'un mouvement jaloux je ne fus pas maistresse.
Ma Rivale accablant mon Amant de bienfaits,

Oppo-

Opposoit un Empire à mes foibles attraits.
Mille soins la rendoient presente à sa memoire.
Elle l'entretenoit de sa prochaine gloire.
Et moy je ne puis rien. Mon cœur pour tous discours
N'avoit que des soûpirs qu'il repetoit toûjours.
Le Ciel seul sçait combien j'en ay versé de larmes.
Mais enfin Bajazet dissipa mes allarmes.
Je condannay mes pleurs, & jusques aujourd'huy
Je l'ay pressé de feindre, & j'ay parlé pour luy.
Helas! Tout est finy. Roxane méprisée
Bientost de son erreur sera desabusée.
Car enfin Bajazet ne sçait point se cacher.
Je connoy sa vertu promte à s'effaroucher.
Il faut qu'à tous momens tremblante & secourable,
Je donne à ses discours un sens plus favorable.
Bajazet va se perdre Ah! si comme autrefois,
Ma Rivale eust voulu luy parler par ma voix!
Au moins si j'avois pû préparer son visage!
Mais, Zaïre, je puis attendre son passage.
D'un mot, ou d'un regard je puis le secourir.
Qu'il l'épouse en un mot plutost que de périr.
Si Roxane le veut, sans doute il faut qu'il meure.
Il se perdra, te dis-je. Atalide demeure.
Laisse, sans t'allarmer, ton Amant sur sa foy.
Penses-tu meriter qu'on se perde pour toy?
Peut-estre Bajazet, secondant ton envie,
Plus que tu ne voudras, aura soin de sa vie.

ZAIRE.

Ah dans quels soins, Madame, allez-vous vous plonger?
Toûjours avant le temps faut-il vous affliger?
Vous n'en pouvez douter, Bajazet vous adore.
Suspendez, ou cachez l'ennuy qui vous dévore.
N'allez point par vos pleurs déclarer vos amours.
La main qui l'a sauvé le sauvera toûjours,
Pourveû qu'entretenuë en son erreur fatale
Roxane jusqu'au bout ignore sa Rivale.
Venez en d'autres lieux enfermer vos regrets,
Et de leur entreveuë attendre le succés.

ATALIDE.

Hé bien, zaïre, allons. Et toy, si ta justice
De deux jeunes Amans veut punir l'artifice,
O Ciel! si nostre amour est condanné de toy,
Je suis la plus coupable, épuise tout sur moy.

Fin du Premier Acte.

ACTE II.

SCENE PREMIERE.

BAJAZET, ROXANE.

ROXANE.

Prince, l'heure fatale est enfin arrivée
Qu'à vostre liberté le Ciel a reservée.
Rien ne me retient plus, & je puis dés ce jour
Accomplir le dessein qu'a formé mon amour.
Non que vous asseurant d'un triomphe facile,
Je mette entre vos mains un Empire tranquile;
Je fais ce que je puis, je vous l'avois promis.
J'arme vostre valeur contre vos Ennemis.
J'écarte de vos jours un péril manifeste.
Vostre vertu, Seigneur, achevera le reste.
Osmin a veû l'Armée, elle panche pour vous.
Les Chefs de nostre Loy conspirent avec nous.
Le Visir Acomat vous répond de Bysance,
Et moy, vous le sçavez, je tiens sous ma puissance
Cette foule de Chefs, d'Esclaves, de Muets,
Peuple, que dans ses murs renferme ce Palais,
Et dont à ma faveur les ames asservies
M'ont vendu dés longtemps leur silence & leurs vies.
Commencez maintenant. C'est à vous de courir
Dans le champ glorieux que j'ay sceû vous ouvrir.
Vous n'entreprenez point une injuste carriere.
Vous repoussez, Seigneur, une main meurtriere.
L'exemple en est commun. Et parmy les Sultans
Ce chemin à l'Empire a conduit de tout temps.
Mais pour mieux commencer, hastons-nous l'un & l'autre
D'asseurer à la fois mon bonheur & le vostre.
Montrez à l'Univers, en m'attachant à vous,
Que quand je vous servois, j'ay servy mon Epoux;

Et par le nœud ſacré d'un heureux hymenée
Juſtifiez la foy que je vous ay donnée.

BAJAZET.

Ah ! Que propoſez-vous, Madame ?

ROXANE.

Hé quoy, Seigneur?
Quel obſtacle ſecret trouble noſtre bonheur?

BAJAZET.

Madame, ignorez-vous que l'orgueil de l'Empire....
Que ne m'épargnez-vous la douleur de le dire !

ROXANE.

Oüy, je ſçay que depuis qu'un de vos Empereurs,
Bajazet d'un Barbare éprouvant les fureurs,
Vit au Char du Vainqueur ſon Epouſe enchaiſnée,
Et par toute l'Aſie à ſa ſuite traiſnée ;
De l'honneur Ottoman ſes Succeſſeurs jaloux
Ont daigné rarement prendre le nom d'Epoux.
Mais l'amour ne ſuit point ces lois imaginaires.
Et ſans vous rapporter des Exemples vulgaires,
Solyman (vous ſçavez qu'entre tous vos Ayeux,
Dont l'Univers à craint le bras victorieux;
Nul n'éleva ſi haut la grandeur Ottomane)
Ce Solyman jetta les yeux ſur Roxelane.
Malgré tout ſon orgueil, ce Monarque ſi fier
A ſon Trône, à ſon Lit daigna l'aſſocier,
Sans qu'elle euſt d'autres droits au rang d'Imperatrice,
Qu'un peu d'attraits peut-eſtre, & beaucoup d'artifice.

BAJAZET.

Il eſt vray. Mais auſſi voyez ce que je puis,
Ce qu'eſtoit Solyman, & le peu que je ſuis.
Solyman joüiſſoit d'une pleine puiſſance.
L'Egypte ramenée à ſon obeïſſance,
Rhodes, des Ottomans ce redoutable écueil
De tous ſes Defenſeurs devenu le cercueil,
Du Danube aſſervy les rives deſolées,
De l'Empire Perſan les bornes reculées,
Dans leurs climats brûlans les Africains domtez,
Fai-

Faisoient taire les lois devant ses volontez.
Que suis-je? J'attens tout du Peuple, & de l'Armée.
Mes malheurs font encor toute ma renommée.
Infortuné, proscrit, incertain de regner,
Dois-je irriter les cœurs au lieu de les gagner?
Témoins de nos plaisirs plaindront-ils nos miseres?
Croiront-ils mes perils, & vos larmes sinceres?
Songez, sans me flatter du sort de Solyman,
Au meurtre tout recent du malheureux Osman.
Dans leur rebellion les Chefs des Janissaires
Cherchant à colorer leurs desseins sanguinaires,
Se crûrent à sa perte assez autorisez
Par le fatal hymen que vous me proposez.
Que vous diray-je enfin? Maistre de leur suffrage,
Peut-estre avec le temps j'oseray davantage.
Ne précipitons rien. Et daignez commencer
A me mettre en estat de vous récompenser.

ROXANE.

Je vous entens, Seigneur. Je voy mon imprudence.
Je voy que rien n'échape à vostre prévoyance.
Vous avez pressenty jusqu'au moindre danger
Où mon amour trop promt vous alloit engager.
Pour vous, pour vostre honneur, vous en craignez les suites,
Et je le croy, Seigneur, puis que vous me le dites.
Mais avez-vous préveû, si vous ne m'épousez,
Les perils plus certains où vous vous exposez?
Songez-vous que sans moy tout vous devient contraire,
Que c'est à moy sur tout qu'il importe de plaire?
Songez-vous que je tiens les portes du Palais,
Que je puis vous l'ouvrir, ou fermer pour jamais,
Que j'ay sur vostre vie un empire supréme,
Que vous ne respirez qu'autant que je vous aime?
Et sans ce mesme amour, qu'offensent vos refus,
Songez-vous dés longtemps que vous ne seriez plus?

BAJAZET.

Ouy je tiens tout de vous, & j'avois lieu de croire,
Que

Que c'estoit pour vous-mesme une assez grande
gloire,
En voyant devant moy tout l'Empire à genoux,
De m'entendre avoüer que je tiens tout de vous.
Je ne m'en défens point. Ma bouche le confesse,
Et mon respect sçaura le confirmer sans cesse.
Je vous doy tout mon sang. Ma vie est vostre bien.
Mais enfin voulez-vous....

ROXANE.

Non, je ne veux plus rien.
Ne m'importune plus de tes raisons forcées.
Je voy combien tes vœux sont loin de mes pensées.
Je ne te presse plus, Ingrat, d'y consentir.
Car enfin qui m'arreste? Et quelle autre assurance
Demanderois-je encor de son indiference?
L'Ingrat est-il touché de mes empressemens?
L'amour mesme entre-t-il dans ses raisonnemens?
Ah je voy tes desseins. Tu crois, quoy que je fasse,
Que mes propres perils t'assurent de ta grace,
Qu'engagée avec toy par de si forts liens,
Je ne puis séparer tes interests des miens.
Mais je m'assure encore aux bontez de ton Frere,
Il m'aime, tu le sçais. Et malgré sa colere
Dans ton perfide sang je puis tout expier,
Et ta mort suffira pour me justifier.
N'en doute point, j'y cours, & dés ce moment
mesme.
Bajazet, écoutez, je sens que je vous aime.
Vous vous perdez. Gardez de me laisser sortir.
Le chemin est encore ouvert au repentir.
Ne desesperez point une Amante en furie.
S'il m'échappoit un mot, c'est fait de vostre vie.

BAJAZET.

Vous pouvez me l'oster, elle est entre vos mains.
Peut estre que ma mort, utile à vos desseins,
De l'heureux Amurat obtenant vostre grace,
Vous rendra dans son cœur vostre premiere place.

ROXANE.

Dans son cœur? Ah! Crois-tu quand il le voudroit
bien,

Que si je perds l'espoir de regner dans le tien,
D'une si douce erreur si longtemps possedée
Je puisse desormais souffrir une autre idée,
Ny que je vive enfin, si je ne vy pour toy ?
Je te donne, Cruel, des armes contre moy.
Sans doute, & je devrois retenir ma foiblesse.
Tu vas en triompher. Ouy, je te le confesse,
J'affectois à tes yeux une fausse fierté.
De toy dépend ma joye & ma felicité.
De ma sanglante mort ta mort sera suivie.
Quel fruit de tant de soins que j'ay pris pour ta vie!
Tu soûpires enfin, & sembles te troubler.
Acheve, parle.

BAJAZET.

O Ciel! Que ne puis-je parler !

ROXANE.

Quoy donc? Que dites-vous? Et que viens-je d'entendre ?
Vous avez des secrets que je ne puis apprendre !
Quoy de vos sentimens je ne puis m'éclaircir ?

BAJAZET.

Madame, encore un coup, c'est à vous de choisir.
Daignez m'ouvrir au Trône un chemiu legitime,
Ou bien, me voila prest, prenez vostre victime.

ROXANE.

Ah ç'en est trop enfin, tu seras satisfait.
Hola, Gardes, qu'on vienne.

SCENE II.

ROXANE, BAJAZET, ACOMAT.

ROXANE.

Acomat, ç'en est fait.
Vous pouvez retourner, je n'ay rien à vous dire.
Du Sultan Amurat je reconnoy l'empire.
Sortez. Que le Serail soit desormais fermé,
Et que tout rentre icy dans l'ordre accoutumé.

SCE-

SCENE III.

BAJAZET, ACOMAT.

ACOMAT.

Seigneur, qu'ay-je entendu? Quelle surprise extréme!
Qu'allez-vous devenir? Que deviens-je moy-méme?
D'où naist ce changement? Qui dois-je en accuser?
O Ciel!

BAJAZET.

Il ne faut point icy vous abuser.
Roxane est offensée & court à la vangeance.
Un obstacle éternel romp nostre intelligence.
Visir, songez à vous, je vous en averty,
Et sans conter sur moy prenez vostre party.

ACOMAT.

Quoy....

BAJAZET.

Vous & vos Amis cherchez quelque retraitte,
Je sçay dans quels périls mon amitié vous jette,
Et j'esperois un jour vous mieux récompenser.
Mais ç'en est fait vous dis-je, il n'y faut plus penser.

ACOMAT.

Et quel est donc, Seigneur, cet obstacle invincible?
Tantost dans le Serrail j'ay laissé tout paisible.
Quelle fureur saisit vostre esprit & le sien?

BAJAZET.

Elle veut, Acomat, que je l'épouse.

ACOMAT.

Hé bien?
L'usage des Sultans à ses vœux est contraire.
Mais cet usage enfin, est-ce une loy severe
Qu'aux despens de vos jours vous deviez observer?
La plus sainte des lois, ah! c'est de vous sauver,
Et d'arracher, Seigneur, d'une mort manifeste
Le sang des Ottomans dont vous faites le reste.

BAJAZET.

Ce reste malheureux seroit trop acheté,
S'il faut le conserver par une lâcheté.

ACOMAT.

Et pourquoy vous en faire une image si noire ?
L'hymen de Solyman ternit-il sa memoire ?
Cependant Solyman n'estoit point menassé
Des périls évidens dont vous estes pressé.

BAJAZET.

Et ce sont ces périls & ce soin de ma vie,
Qui d'un servile hymen feroient l'ignominie.
Solyman n'avoit point ce prétexte odieux.
Son Esclave trouva grace devant ses yeux.
Et sans subir le joug d'un hymen necessaire,
Il luy fit de son cœur un présent volontaire.

ACOMAT.

Mais vous aimez Roxane.

BAJAZET.

Acomat, c'est assez.
Je me plains de mon sort moins que vous ne pensez.
La mort n'est point pour moy le comble des disgraces.
J'osay tout jeune encor la chercher sur vos traces,
Et l'indigne prison où je suis renfermé
A la voir de plus prés m'a mesme accoustumé.
Amurat à mes yeux l'a vingt fois présentée.
Elle finit le cours d'une vie agitée.
Helas ! si je la quitte avec quelque regret....
Pardonnez Acomat, je plains, avec sujet,
Des cœurs, dont les bontez trop mal récompensées
M'avoient pris pour objet de toutes leurs pensées.

ACOMAT.

Ah! si nous périssons, n'en accusez que vous,
Seigneur. Dites un mot, & vous nous sauvez tous.
Tout ce qui reste icy de braves Janissaires,
De la Religion les saints Dépositaires,
Du Peuple Bysantin ceux qui plus respectez
Par leur exemple seul reglent les volontez,

Sont prests de vous conduire à la Porte sacrée
D'où les nouveaux Sultans font leur premiere entrée,

BAJAZET.

Hé bien, brave Acomat, si je leur suis si cher,
Que des mains de Roxane ils viennent m'arracher,
Du Serrail, s'il le faut, venez forcer la porte.
Entrez accompagné de leur vaillante escorte.
J'aime mieux en sortir sanglant, couvert de coups,
Que chargé, malgré moy, du nom de son Epoux.
Peut-estre je sçauray, dans ce desordre extréme,
Par un beau desespoir me secourir moy-mesme,
Attendre, en combattant, l'effet de vostre foy,
Et vous donner le temps de venir jusqu'à moy.

ACOMAT.

Hé pourray-je empescher, malgré ma diligence,
Que Roxane d'un coup n'asseure sa vangeance?
Alors qu'aura servy ce zele impétueux,
Qu'à charger vos Amis d'un crime infructueux?
Promettez. Affranchy du péril qui vous presse,
Vous verrez de quel pois sera vostre promesse.

BAJAZET.

Moy!

ACOMAT.

Ne rougissez point. Le sang des Ottomans
Ne doit point en Esclave obeïr aux sermens.
Consultez ces Héros, que le droit de la guerre
Mena victorieux jusqu'au bout de la Terre.
Libres dans leur victoire, & maistres de leur foy,
L'interest de l'Estat fut leur unique loy,
Et d'un Trône si saint la moitié n'est fondée
Que sur la foy promise & rarement gardée.
Je m'emporte, Seigneur....

BAJAZET.

Oüy je sçais, Acomat,
Jusqu'où les a portez l'interest de l'Estat.
Mais ces mesmes Héros, prodigues de leur vie,
Ne la rachetoient point par une perfidie.

ACOMAT.

O courage! O vertus! O trop constante foy

Que

Que mesme en perissant j'admire malgré moy !
Faut-il qu'en un moment un scrupule timide
Perde.... Mais quel bonheur nous envoye Atalide?

SCENE IV.

BAJAZET, ATALIDE, ACOMAT.

ACOMAT.
AH, Madame, venez avec moy vous unir.
Il se perd.

ATALIDE.
C'est dequoy je viens l'entretenir.
Mais laissez-nous. Roxane à sa perte animée
Veut que de ce Palais la porre soit fermée.
Toutefois, Acomat, ne vous éloignez pas.
Peut-estre on vous fera revenir sur vos pas.

SCENE V.

BAJAZET, ATALIDE.

BAJAZET.
HE' bien ! c'est maintenant qu'il faut que je vous laisse.
Le Ciel punit ma feinte, & confond vostre adresse.
Rien ne m'a pû parer contre ses derniers coups,
Il falloit ou mourir, ou n'estre plus à vous.
Dequoy nous a servy cette indigne contrainte?
Je meurs plustard. Voila tout le fruit de ma feinte.
Je vous l'avois prédit. Mais vous l'avez voulu.
J'ay reculé vos pleurs autant que je l'ay pû.
Belle Atalide, au nom des cette complaisance,
Daignez de la Sultane éviter la presence.
Vos pleurs vous trahiroient, cachez-les à ses yeux,
Et ne prolongez point de dangereux Adieux.

ATALIDE.
Non, Seigneur. Vos bontez pour une Infortunée
Ont assez disputé contre la Destinée.

Il vous en couste trop pour vouloir m'épargner.
Il faut vous rendre. Il faut me quitter, & regner.

BAJAZET.

Vous quitter !

ATALIDE.

Je le veux. Je me suis consultée.
De mille soins jaloux jusqu'alors agitée,
Il est vray, je n'ay pû concevoir sans effroy
Que Bajazet pût vivre, & n'estre plus à moy.
Et lors que quelquefois de ma Rivale heureuse
Je me representois l'image douloureuse,
Vostre mort (pardonnez aux fureurs des Amans)
Ne me paroissoit pas le plus grand des tourmens.
Mais à mes tristes yeux vostre mort préparée
Dans toute son horreur ne s'estoit pas montrée.
Je ne vous voyois pas, ainsi que je vous vois,
Prest à me dire Adieu pour la derniere fois.
Seigneur, je sçay trop bien avec quelle constance
Vous allez de la mort affronter la présence.
Je sçay que vostre cœur se fait quelques plaisirs
De me prouver sa foy dans ses derniers soûpirs.
Mais helas ! Epargnez une ame plus timide.
Mesurez vos malheurs aux forces d'Atalide,
Et ne m'exposez point aux plus vives douleurs,
Qui jamais d'une Amante épuiserent les pleurs.

BAJAZET.

Et que deviendrez-vous si dés cette journée
Je celebre à vos yeux ce funeste hymenée ?

ATALIDE.

Ne vous informez point ce que je deviendray.
Peut-estre à mon destin, Seigneur, j'obeïray.
Que sçay-je? A ma douleur je chercheray des charmes,
Je songeray peut-estre, au milieu de mes larmes,
Qu'à vous perdre pour moy vous estiez résolu.
Que vous vivez, Qu'enfin c'est moy qui l'ay voulu.

BAJAZET.

Non, vous ne verrez point cette feste cruelle.
Plus vous me commandez de vous estre infidelle,
Madame, plus je voy combien vous méritez

De

De ne point obtenir ce que vous souhaittez.
Quoy cet amour si tendre, & né dans nostre enfance,
Dont les feux avec nous ont crû dans le silence,
Vos larmes, que ma main pouvoit seule arrester,
Mes sermens redoublez de ne vous point quitter,
Tout cela finiroit par une perfidie ?
J'épouserois, & qui ? (s'il faut que je le die)
Une Esclave attachée à ses seuls intérests,
Qui présente à mes yeux les supplices tout prests,
Qui m'offre ou son hymen, ou la mort infaillible;
Tandis qu'à mes périls Atalide sensible,
Et trop digne du sang qui luy donna le jour,
Veut me sacrifier jusques à son amour.
Ah! Qu'au jaloux Sultan ma teste soit portée,
Puis qu'il faut à ce prix qu'elle soit rachetée.

ATALIDE.

Seigneur, vous pourriez vivre, & ne me point trahir.

BAJAZET.

Parlez. Si je le puis, je suis prest d'obeïr.

ATALIDE.

La Sultane vous aime. Et malgré sa colere,
Si vous preniez, Seigneur, plus de soin de luy plaire,
Si vos soûpirs daignoient luy faire pressentir
Qu'un jour....

BAJAZET.

Je vous entens, je n'y puis consentir.
Ne vous figurez point que dans cette journée
D'un lâche desespoir ma vertu consternée
Craigne les soins d'un Trône où je pourrois monter,
Et par un promt trépas cherche à les éviter.
J'écoute trop peut-estre une imprudente audace.
Mais sans cesse occupé des grãds noms de ma race,
J'esperois que fuyant un indigne repos
Je prendrois quelque place entre tant de Héros.
Mais quelque ambition, quelque amour qui me brule,
Je ne puis plus tromper une Amante credule.
En vain pour me sauver je vous l'aurois promis.
Et ma bouche, & mes yeux, du mensonge ennemis,

Peut-estre dans le temps que je voudrois luy plaire,
Feroient par leur desordre un effet tout contraire,
Et de mes froids soûpirs ses regards offensez
Verroient trop que mon cœur ne les a point poussez.
O Ciel! Combien de fois je l'aurois éclaircie,
Si je n'eusse à sa haine exposé que ma vie,
Si je n'avois pas craint que ses soupçons jalous
N'eussent trop aisément remonté jusqu'à vous!
Et j'irois l'abuser d'une fausse promesse?
Je me parjurerois? Et par cette bassesse....
Ah! Loin de m'ordonner cet indigne détour,
Si vostre cœur estoit moins plein de son amour,
Je vous verrois sans doute en rougir la premiere.
Mais pour vous épargner une injuste priere,
Adieu, je vais trouver Roxane de ce pas,
Et je vous quitte.

ATALIDE.

Et moy, je ne vous quitte pas.
Venez, Cruel, venez, je vais vous y conduire.
Et de tous nos secrets c'est moy qui veux l'instruire.
Puis que malgré mes pleurs mon Amant furieux,
Se fait tant de plaisir d'expirer à mes yeux;
Roxane, malgré vous, nous joindra l'un & l'autre,
Elle aura plus de soif de mon sang que du vostre,
Et je pourray donner à vos yeux effrayez
Le spectacle sanglant que vous me prépariez.

BAJAZET.

O Ciel, que faites-vous!

ATALIDE.

Cruel, pouvez-vous croire
Que je sois moins que vous jalouse de ma gloire?
Pensez-vous que cent fois en vous faisant parler
Ma rougeur ne fust pas preste à me déceler?
Mais on me présentoit vostre perte prochaine.
Pourquoy faut-il, Ingrat, quand la mienne est certaine,
Que vous n'osiez pour moy ce que j'osois pour vous?

Peut-

Peut-estre il suffira d'un mot un peu plus doux.
Roxane dans son cœur peut-estre vous pardonne.
Vous-mesme vous voyez le temps qu'elle vous donne.
A-t-elle en vous quittant fait sortir le Visir ?
Des Gardes à mes yeux viennent-ils vous saisir ?
Enfin dans sa fureur implorant mon adresse,
Ses pleurs ne m'ont-ils pas découvert sa tendresse ?
Peut-estre elle n'attend qu'un espoir incertain
Qui luy fasse tomber les armes de la main.
Allez, Seigneur, Tentez cette derniere voye.

BAJAZET.

Hé bien. Mais quels discours voulez-vous que j'employe ?

ATALIDE.

Ah daignez sur ce choix ne me point consulter.
L'occasion, le Ciel pourra vous les dicter.
Allez. Entre elle & vous je ne doy point paroistre.
Vostre trouble, ou le mien, nous feroient reconnoistre.
Allez encore un coup, je n'ose m'y trouver.
Dites ... tout ce qu'il faut, Seigneur, pour vous sauver.

Fin du Second Acte.

ACTE III.

SCENE PREMIERE.

ATALIDE, ZAIRE.

ATALIDE.

Zaïre, il est donc vray, sa grace est prononcée.

ZAIRE.

Je vous l'ay dit, Madame, une Esclave empressée,
Qui couroit de Roxane accomplir le desir,
Aux Portes du Serrail a reçeû le Visir.
Ils ne m'ont point parlé. Mais mieux qu'aucun langage
Le transport du Visir marquoit sur son visage,
Qu'un heureux changement le rappelle au Palais,
Et qu'il y vient signer une éternelle paix.
Roxane a pris sans doute une plus douce voye.

ATALIDE.

Ainsi de toutes parts les plaisirs & la joye
M'abandonnent, Zaïre, & marchent sur leurs pas.
J'ay fait ce que j'ay dû, je ne m'en repens pas.

ZAIRE.

Quoy, Madame? Quelle est cette nouvelle allarme?

ATALIDE.

Et ne t'a-t-on point dit, Zaïre, par quel charme,
Ou pour mieux dire enfin, par quel engagement
Bajazet a pû faire un si promt changement?
Roxane en sa fureur paroissoit infléxible.
A-t-elle de son cœur quelque gage infaillible?
Parle. L'épouse-t-il?

ZAIRE.

Je n'en ay rien appris.
Mais enfin, s'il n'a pû se sauver qu'à ce prix,
S'il fait ce que vous-mesme avez sçeu luy prescrire,
S'il l'épouse en un mot.

ATALIDE.

S'il l'épouse, Zaïre!

ZAIRE.

Quoy, vous repentez-vous des genereux discours,
Que vous dictoit le soin de conserver ses jours?

ATALIDE.

Non, non, il ne fera que ce qu'il a dû faire.
Sentimens trop jaloux, c'est à vous de vous taire.
Si Bajazet l'épouse, il suit mes volontez.
Respectez ma vertu qui vous à surmontez.
A ses nobles conseils ne messiez point le vostre.
Et loin de me le peindre entre les bras d'une autre,
Laissez-moy sans regret me le représenter
Au Trône, où mon amour l'a forcé de monter.
Oüy je me reconnois, je suis toûjours la mesme.
Je voulois qu'il m'aimast, chere Zaïre: il m'aime.
Et du moins cet espoir me console aujourd'huy,
Que je vais mourir digne, & contente de luy.

ZAIRE.

Mourir! Quoy vous auriez un dessein si funeste?

ATALIDE.

J'ay cedé mon Amant, Tu t'étonnes du reste.
Peux-tu conter, Zaïre, au nombre des malheurs
Une mort, qui prévient & finit tant de pleurs?
Qu'il vive, c'est assez. Je l'ay voulu sans doute,
Et je le veux toûjours, quelque prix qu'il m'en couste.
Je n'examine point ma joye ou mon ennuy.
J'aime assez mon Amant, pour renoncer à luy.
Mais helas! il peut bien penser avec justice,
Que si j'ay pû luy faire un si grand sacrifice,
Ce cœur, qui de ses jours prend ce funeste soin,
L'aime trop pour vouloir en estre le témoin.
Allons, je veux sçavoir....

ZAIRE.

Modérez vous de grace.
On vient vous informer de tout ce qui se passe.
C'est le Visir,

SCENE II.

ATALIDE, ACOMAT, ZAIRE.

ACOMAT.

ENfin nos Amans ſont d'accord,
Madame. Un calme heureux nous remet dans le Port.
La Sultane a laiſſé deſarmer ſa colere.
Elle m'a declaré ſa volonté derniere.
Et tandis qu'elle montre au Peuple épouvanté
Du Prophete divin l'Eſtandart redouté,
Qu'à marcher ſur mes pas Bajazet ſe diſpoſe,
Je vais de ce ſignal faire entendre la cauſe,
Remplir tous les eſprits d'une juſte terreur,
Et proclamer enfin le nouvel Empereur.
Cependant permettez que je vous renouvelle
Le ſouvenir du prix, qu'on promit à mon zele.
N'attendez point de moy ces doux emportemens,
Tels que j'en voy paroiſtre au cœur de ces Amans.
Mais ſi par d'autres ſoins plus dignes de mon âge,
Par de profonds reſpects, par un long eſclavage,
Tel que nous le devons au ſang de nos Sultans,
Je puis....

ATALIDE.

Vous m'en pourrez inſtruire avec le temps.
Avec le tems auſſi vous pourrez me connoiſtre
Mais quels ſont ces tranſports qu'ils vous ont fait paroiſtre?

ACOMAT.

Madame, doutez-vous des ſoûpirs enflammez
De deux jeunes Amans l'un de l'autre charmez?

ATALIDE.

Non. Mais à dire vray ce miracle m'étonne.
Et dit-on à quel prix Roxane luy pardonne?
L'épouſe-t-il enfin?

ACOMAT.

Madame, je le croy.

Voicy

Voicy tout ce qui vient d'arriver devant moy,
Surpris, je l'avoûray, de leur fureur commune,
Querellant les Amans, l'Amour, & la Fortune,
J'estois de ce Palais sorty desesperé.
Déja dans un Vaisseau, sur l'Euxin préparé,
Chargeant de mon débris les reliques plus cheres,
Je méditois ma fuite aux terres étrangeres.
Dans ce triste dessein au Palais rappellé,
Plein de joye & d'espoir j'ay couru, j'ay volé.
La porte du Serrail à ma voix s'est ouverte.
Et d'abord une Esclave à mes yeux s'est offerte,
Qui m'a conduit sans bruit dans un Apartement,
Où Roxane attentive écoutoit son Amant.
Tout gardoit devant eux un auguste silence.
Moy-mesme resistant à mon impatience,
Et respectant de loin leur secret entretien,
J'ay longtemps immobile observé leur maintien.
Enfin avec des yeux qui découvroient son ame,
L'une a tendu sa main pour gage de sa flâme,
L'autre avec des regards éloquens, pleins d'amour.
L'a de ses feux, Madame, asſurée à son tour.

ATALIDE.

Helas!

ACOMAT.

Ils m'ont alors apperçeû l'un & l'autre.
Voila, m'a-t-elle dit, vostre Prince & le nostre.
Je vais, brave Acomat, le remettre en vos mains.
Allez luy préparer les honneurs souverains.
Qu'un Peuple obeïssant l'attende dans le Temple.
Le Serrail va bientost vous en donner l'exemple.
Aux pieds de Bajazet alors je suis tombé,
Et soudain à leurs yeux je me suis dérobé.
Trop heureux d'avoir pû, par un recit fidelle,
De leur paix en passant vous conter la nouvelle,
Et m'acquitter vers vous de mes respects profonds.
Je vais le couronner, Madame, & j'en répons.

SCENE III.

ATALIDE, ZAIRE.

ATALIDE.

Allons, retirons-nous, ne troublons point sa joye.

ZAIRE.

Ah Madame, croyez....

ATALIDE.

Que veux-tu que je croye ?
Quoy donc à ce spectacle iray-je m'exposer ?
Tu vois que c'en est fait. Ils se vont épouser.
La Sultane est contente, il l'assure qu'il l'aime.
Mais je ne m'en plains pas, je l'ay voulu moy-mesme.
Cependant croyois-tu, quand jaloux de sa foy,
Il s'alloit plein d'amour sacrifier pour moy,
Lors que son cœur tantost m'exprimant sa tendresse,
Refusoit à Roxane une simple promesse,
Quand mes larmes en vain tâchoient de l'émouvoir,
Quand je m'applaudissois de leur peu de pouvoir,
Croyois-tu que son cœur, contre toute apparence,
Pour la persuader trouvast tant d'éloquence ?
Ah peut-estre apres tout, que sans trop se forcer,
Tout ce qu'il a pû dire, il a pû le penser.
Peut-estre en la voyant, plus sensible pour elle
Il a veû dans ses yeux quelque grace nouvelle ;
Elle aura devant luy fait parler ses douleurs,
Elle l'aime, un Empire autorise ses pleurs,
Tant d'amour touche enfin une ame genéreuse,
Helas ! Que de raisons contre une Malheureuse !

ZAIRE.

Mais ce succés, Madame, est encore incertain.
Attendez.

ATALIDE.

Non, vois-tu ? je le nierois en vain.

Je ne prens point plaisir à croistre ma misere.
Je sçay pour se sauver tout ce qu'il a dû faire.
Quand mes pleurs vers Roxane ont rappellé ses pas,
Je n'ay point prétendu qu'il ne m'obeïst pas.
Mais apres les Adieux que je venois d'entendre,
Apres tous les transports d'une douleur si tendre,
Je sçay qu'il n'a point dû luy faire remarquer
La joye & les transports qu'on vient de m'expliquer.
Toy-mesme juge-nous, & voy si je m'abuse.
Pourquoy de ce conseil moy seule suis-je excluse?
Au sort de Bajazet ay-je si peu de part ?
A me chercher luy-mesme attendroit-il si tard,
N'estoit que de son cœur le trop juste reproche
Luy fait peut-estre, helas ! éviter cette approche ?
Mais non, je luy veux bien épargner ce soucy,
Il ne me verra plus,

ZAIRE.

Madame, le voicy.

SCENE IV.

BAJAZET, ATALIDE, ZAIRE.

BAJAZET.

C'En est fait, j'ay parlé, vous estes obeïe.
Vous n'avez plus, Madame, à craindre pour ma vie.
Et je serois heureux, si je pouvois gouster
Quelque bonheur, au prix qu'il vient de m'en couster.
Si mon cœur, dont le trouble en secret me condamne,
Pouvoit me pardonner aussi bien que Roxane.
Mais enfin je me voy les armes à la main.
Je suis libre, & je puis contre un Frere inhumain,
Non plus par un silence aidé de vostre adresse
Disputer en ces lieux le cœur de sa Maistresse,
Mais par de vrais combats, par de nobles dangers,
Moy-mesme le cherchant aux climats étrangers,
Luy disputer les cœurs du Peuple, & de l'Armée,

Et

Et pour Juge entre nous prendre la Renommée.
Que vois-je ? Qu'avez-vous? Vous plurez !

ATALIDE.

Non, Seigneur,
Je ne murmure point contre vostre bonheur.
Le Ciel, le juste Ciel vous devoit ce miracle.
Vous sçavez si jamais j'y formay quelque obstacle.
Tant que j'ay respiré, vos yeux me sont témoins
Que vostre seul péril occupoit tous mes soins,
Et puis qu'il ne pouvoit finir qu'avec ma vie,
C'est sans regret aussi que je la sacrifie.
Il est vray, si le Ciel eust écouté mes vœux,
Qu'il pouvoit m'accorder un trépas plus heureux.
Vous n'en auriez pas moins épousé ma Rivale.
Vous pouviez l'assurer de la foy conjugale.
Mais vous n'auriez pas joint à ce titre d'Epoux,
Tous ces gages d'amour qu'elle a reçeus de vous.
Roxane s'estimoit assez récompensée,
Et j'aurois en mourant cette douce pensée,
Que vous ayant moy-mesme imposé cette loy,
Je vous ay vers Roxane envoyé plein de moy,
Qu'emportant chez les morts toute vostre tendresse ;
Ce n'est point un Amant en vous que je luy laisse.

BAJAZET.

Que parlez-vous, Madame, & d'Epoux, & d'Amant ?
O Ciel! De ce discours quel est le fondement ?
Qui peut vous avoir fait ce recit infidelle ?
Moy j'aimerois Roxane, ou je vivrois pour elle,
Madame! Ah croyez-vous que loin de le penser,
Ma bouche seulement eust pû le prononcer.
Mais l'un ny l'autre enfin n'estoit point necessaire.
La Sultane a suivy son panchant ordinaire.
Et soit qu'elle ait d'abord expliqué mon retour
Comme un gage certain qui marquoit mon amour,
Soit que le temps trop cher la pressast de se rendre.
A peine ay-je parlé, que sans presque m'entendre,
Ses pleurs précipitez ont coupé mes discours.
Elle met dans ma main sa fortune, ses jours,

Et se fiant enfin à ma reconnoissance,
D'un hymen infaillible a formé l'esperance.
Moy-mesme rougissant de sa credulité,
Et d'un amour si tendre & si peu merité;
Dans ma confusion, que Roxane, Madame,
Attribuoit encore à l'excés de ma flâme,
Je me trouvois barbare, injuste, criminel.
Croyez qu'il m'a fallu dans ce moment cruel,
Pour garder jusqu'au bout un silence perfide,
Rappeller tout l'amour que j'ay pour Atalide.
Cependant quand je viens apres de tels efforts
Chereher quelque secours contre tous mes remords,
Vous-mesme contre moy je vous vois irritée
Reprocher vostre mort à mon ame agitée.
Je vois enfin je vois qu'en ce mesme moment
Tout ce que je vous dis vous touche foiblement.
Madame, finissons & mon trouble, & le vostre.
Ne nous affligeons point vainement l'un & l'autre.
Roxane n'est pas loin. Laissez agir ma foy.
J'iray bien plus content & de vous, & de moy,
Détromper son amour d'une feinte forcée,
Que je n'allois tantost déguiser ma pensée.
La voicy.

ATALIDE.

Juste Ciel! Où va-t-il s'exposer?
Si vous m'aimez, gardez de la desabuser.

SCENE V.

BAJAZET, ROXANE, ATALIDE.

ROXANE.

VEnez, Seigneur, venez. Il est temps de paraistre,
Et que tout le Serrail reconnoisse son Maistre.
Tout ce Peuple nombreux, dont il est habité,
Assemblé par mon ordre attend ma volonté.
Mes Esclaves gagnez, que le reste va suivre,
Sont les premiers sujets que mon amour vous livre.
L'auriez-vous crû, Madame, & qu'un si promt retour,

Fist

Fist à tant de fureur succeder tant d'amour ?
Tantost à me vanger fixe & déterminée
Je jurois qu'il voyoit sa derniere journée.
A peine cependant Bajazet m'a parlé,
L'amour fit le serment, l'amour l'a violé.
J'ay crû dans son desordre entrevoir sa tendresse.
J'ay prononcé sa grace, & j'en croy sa promesse.

BAJAZET.

Oüy je vous ay promis, & je m'en souviendray,
Que fidelle à vos soins autant que je vivray,
Mon respect éternel, ma juste complaisance,
Vous répondront toûjours de ma reconnoissance.
Si je puis à ce prix mériter vos bienfaits,
Je vais de vos bontez attendre les effets.

SCENE VI.

ROXANE, ATALIDE.

ROXANE.

DE quel étonnement, ô Ciel ! suis-je frapée ?
Est-ce un songe ? Et mes yeux ne m'ont-ils point trompée ?
Quel est ce sombre accueil, & ce discours glacé
Qui semble révoquer tout ce qui s'est passé ?
Sur quel espoir croit-il que je me sois renduë,
Et qu'il ait regagné mon amitié perduë ?
J'ay crû, qu'il me juroit que jusques à la mort
Son amour me laissoit maistresse de son sort.
Se repent-il déja de m'avoir appaisée ?
Mais moy-mesme tantost me serois-je abusée ?
Ah !... Mais il vous parloit. Quels estoient ses discours,
Madame ?

ATALIDE.

Moy, Madame ! Il vous aime toûjours.

ROXANE.

Il y va de sa vie au moins que je le croye.
Mais de grace, parmy tant de sujets de joye,
Répondez-moy, comment pouvez-vous expliquer

Ce chagrin, qu'en sortant il m'a fait remarquer?

ATALIDE.

Madame, ce chagrin n'a point frapé ma veuë.
Il m'a de vos bontez longtemps entretenuë.
Il en estoit tout plein quand je l'ay rencontré.
J'ay crû le voir sortir tel qu'il estoit entré.
Mais, Madame, apres tout, faut-il estre surprise,
Que tout prest d'achever cette grande entreprise
Bajazet s'inquiete, & qu'il laisse échaper
Quelque marque des soins qui doivent l'occuper?

ROXANE.

Je voy qu'à l'excuser vostre adresse est extréme.
Vous parlez mieux pour luy, qu'il ne parle luy-mesme.

ATALIDE.

Et quel autre intérest....

ROXANE.

Madame, c'est assez.
Je conçois vos raisons mieux que vous ne pensez.
Laissez-moy. J'ay besoin d'un peu de solitude.
Ce jour me jette aussi dans quelque inquiétude.
J'ay, comme Bajazet, mon chagrin & mes soins,
Et je veux un moment y penser sans témoins.

SCENE VII.

ROXANE *seule.*

DE tout ce que je voy que faut-il que je pense?
Tous deux à me tromper sont-ils d'intelligence?
Pourquoy ce changement, ce discours, ce départ?
N'ay-je pas mesme entre eux surpris quelque regard?
Bajazet interdit! Atalide étonnée!
O Ciel! A cet affront m'auriez-vous condannée?
De mon aveugle amour seroient-ce là les fruits?
Tant de jours douloureux, tant d'inquietes nuits,
Mes brigues, mes complots, ma trahison fatale,
N'aurois-je tout tenté que pour une Rivale!

Mais

Mais peut-estre qu'aussi trop promte à m'affliger,
J'observe de trop prés un chagrin passager.
J'impute à son amour l'effet de son caprice.
N'eust-il pas jusqu'au bout conduit son artifice ?
Prest à voir le succés de son déguisement,
Quoy ne pouvoit-il pas feindre encore un moment ?
Non, non, rassurons-nous. Trop d'amour m'intimide.
Et pourquoy dans son cœur redouter Atalide ?
Quel seroit son dessein ? Qu'at-elle fait pour luy ?
Qui de nous deux enfin le couronne aujourd'huy ?
Mais helas ! De l'amour ignorons-nous l'empire ?
Si par quelque autre charme Atalide l'attire,
Qu'importe qu'il nous doive, & le Sceptre, & le jour ?
Les bienfaits dans un cœur balancent-ils l'amour ?
Et sans chercher plus loin, quand l'Ingrat me sceût plaire,
Ay-je mieux reconnu les bontez de son Frere ?
Ah ! si d'une autre chaisne il n'estoit point lié,
L'offre de mon hymen l'eust-il tant effrayé ?
N'eust-il pas sans regret secondé mon envie ?
L'eust-il refusé mesme aux despens de sa vie ?
Que de justes raisons .... Mais qui vient me parler ?
Que veut-on ?

SCENE. VIII.

ROXANE, ZATIME.

ZATIME.

PArdonnez, si j'ose vous troubler.
Mais, Madame, un Esclave arrive de l'Armée.
Et quoy que sur la mer la porte fust fermée,
Les Gardes sans tarder l'ont ouverte à genoux
Aux ordres du Sultan qui s'adressent à vous.

Mais,

Mais, ce qui me surprend, c'est Orcan qu'il envoye.

ROXANE.

Orcan!

ZATIME.

Oüy, de tous ceux que le Sultan employe,
Orcan le plus fidelle à servir ses desseins,
Né sous le Ciel brûlant des plus noirs Africains.
Madame, il vous demande avec impatience.
Mais j'ay crû vous devoir avertir par avance,
Et souhaittant sur tout qu'il ne vous surprist pas
Dans vostre Apartement j'ay retenu ses pas.

ROXANE.

Quel malheur impréveû vient encor me confondre?
Quel peut estre cet ordre? Et que puis-je répondre?
Il n'en faut point douter, le Sultan inquiet
Une seconde-fois condanne Bajazet.
On ne peut sur ses jours sans moy rien entreprendre.
Tout m'obeït icy. Mais dois-je le défendre?
Quel est mon Empereur? Bajazet? Amurat?
J'ay trahy l'un. Mais l'autre est peut-estre un Ingrat.
Le temps presse. Que faire en ce doute funeste?
Allons. Employons-bien le moment qui nous reste.
Ils ont beau se cacher. L'amour le plus discret
Laisse par quelque marque échapper son secret.
Observons Bajazet. Etonnons Atalide.
Et couronnons l'Amant, ou perdons le Perfide.

Fin du Troisiéme Acte.

ACTE

ACTE IV.

SCENE PREMIERE.

ATALIDE, ZAIRE.

ATALIDE.

AH ! sçais-tu mes frayeurs ? Sçais-tu que dans ces lieux
J'ay veû du fier Orcan le visage odieux ?
En ce moment fatal que je crains sa venuë !
Que je crains.... Mais dy-moy, Bajazet t'a-t-il veuë ?
Qu'a-t-il dit ? Se rend-il, Zaïre, à mes raisons ?
Ira-t-il voir Roxane, & calmer ses soupçons ?

ZAIRE.

Il ne peut plus la voir sans qu'elle le commande.
Roxane ainsi l'ordonne, elle veut qu'il l'attende.
Sans doute à cet Esclave elle veut le cacher.
J'ay feint en le voyant de ne le point chercher.
J'ay rendu vostre Lettre, & j'ay pris sa réponse.
Madame, vous verrez ce qu'elle vous annonce.

ATALIDE lit.

Apres tant d'injustes détours
Faut-il qu'à feindre encor vostre amour me convie?
Mais je veux bien prendre soin d'une vie,
Dont vous jurez que dépendent vos jours.
Je verray la Sultane. Et par ma complaisance,
Par de nouveaux sermens de ma reconnoissance,
J'appaiseray, si je puis, son courroux.
N'exigez rien de plus. Ny la mort, ny vous-mesme,
Ne me ferez jamais prononcer que je l'aime,
Puis que jamais je n'aimeray que vous.

Helas ! Que me dit-il ? Croit-il que je l'ignore ?
Ne sçay-je pas assez qu'il m'aime, qu'il m'adore?

Est-

Eſt-ce ainſi qu'à mes vœux il ſçait s'accommoder?
C'eſt Roxane, & non moy qu'il faut perſuader.
De quelle crainte encore me laiſſe-t-il ſaiſie!
Funeſte aveuglement! Perfide jalouſie!
Recit menteur! Soupçons que je n'ay pû celer!
Falloit-il vous entendre, ou falloit-il parler?
C'eſtoit fait, mon bonheur ſurpaſſoit mon attente.
J'eſtois aimée, heureuſe, & Roxane contente.
Zaïre, s'il ſe peut, retourne ſur tes pas.
Qu'il l'appaiſe. Ces mots ne me ſuffiſent pas.
Que ſa bouche, ſes yeux, tout l'aſſure qu'il l'aime.
Qu'elle le croye enfin. Que ne puis-je moy-meſme
Echauffant par mes pleurs ſes ſoins trop languiſſans,
Mettre dans ſes diſcours tout l'amour que je ſens!
Mais à d'autres perils je crains de le commettre.

ZAIRE.

Roxane vient à vous.

ATALIDE.

Ah! Cachons cette Lettre.

SCENE II.

ROXANE, ATALIDE, ZATIME, ZAIRE,

ROXANE *à Zatime.*

VIen. J'ay reçeu cet ordre. Il faut l'intimider.

ATALIDE *à Zaïre.*

Va, cours, & tâche enfin de le perſuader.

SCE-

SCENE III.

ROXANE, ATALIDE, ZATIME.

ROXANE.

MAdame, j'ay reçeu des Lettres de l'Armée.
De tout ce qui s'y passe estes-vous informée?

ATALIDE.

On m'a dit que du Camp un Esclave est venu,
Le reste est un secret qui ne m'est pas connu.

ROXANE.

Amurat est heureux, la fortune est changée.
Madame, & sous ses loix Babylone est rangée.

ATALIDE.

Hé quoy, Madame? Osmin....

ROXANE.

Estoit mal averty,
Et depuis son depart cet Esclave est party.
C'en est fait.

ATALIDE.

Quel revers!

ROXANE.

Pour comble de disgraces
Le Sultan qui l'envoye est party sur ses traces.

ATALIDE.

Quoy les Persans armez ne l'arrestent donc pas?

ROXANE.

Non, Madame. Vers nous il revient à grands pas.

ATALIDE.

Que je vous plains, Madame! Et qu'il est nécessaire
D'achever promtement ce que vous vouliez faire!

ROXANE.

Il est tard de vouloir s'opposer au vainqueur.

ATALIDE.

O Ciel!

ROXANE.

Le temps n'a point adoucy sa rigueur.

Vous

Vous voyez dans mes mains sa volonté supréme.

ATALIDE.

Et que vous mande-t-il ?

ROXANE.

Voyez. Lisez vous-mesme.
Vous connoissez, Madame, & la lettre, & le sein.

ATALIDE.

Du cruel Amurat je reconnoy la main. *Elle lit.*

Avant que Babylone éprouvast ma puissance,
Je vous ay fai porter mes ordres absolus.
Je ne veux point douter de vostre obeïssance,
Et croy que maintenant Bajazet ne vit plus.
Je laisse sous mes loix Babylone asservie,
Et confirme en partant mon ordre souverain.
Vous, si vous avez soin de vostre propre vie,
Ne vous montrez à moy que sa teste à la main.

ROXANE.

He bien ?

ATALIDE.

Cache tes pleurs, malheureuse Atalide.

ROXANE.

Que vous semble ?

ATALIDE.

Il poursuit son dessein parricide.
Mais il pense proscrire un Prince sans appuy.
Il ne sçait pas l'amour qui vous parle pour luy,
Que vous & Bajazet vous ne faites qu'une ame,
Que plûtost, s'il le faut, vous mourrez ....

ROXANE.

Moy, Madame?
Je voudrois le sauver, je ne le puis haïr.
Mais ....

ATALIDE.

Quoy donc ? Qu'avez-vous résolu ?

ROXANE.

D'obeïr.

ATALIDE.

D'obeïr !

RO-

ROXANE.

Et que faire en ce péril extréme ?
Il le faut.

ATALIDE.

Quoy, ce Prince aimable.... qui vous aime,
Verra finir ses jours qu'il vous a destinez !

ROXANE.

Il le faut. Et déja mes ordres sont donnez.

ATALIDE.

Je me meurs.

ZATIME.

Elle tombe, & ne vit plus qu'à peine.

ROXANE.

Allez, conduisez-la dans la Chambre prochaine.
Mais au moins observez ses regards, ses discours,
Tout ce qui convaincra leurs perfides amours.

SCENE IV.

ROXANE *seule.*

MA Rivale à mes yeux s'est enfin déclarée.
Voila sur quelle foy je m'estois assurée.
Depuis six mois entiers j'ay crû que nuit & jour
Ardante elle veilloit au soin de mon amour.
Et c'est moy qui du sien ministre trop fidelle
Semble depuis six mois ne veiller que pour elle,
Qui me suis appliquée à chercher les moyens
De luy faciliter tant d'heureux entretiens,
Et qui mesme souvent prévenant son envie
Ay hasté les momens les plus doux de sa vie.
Ce n'est pas tout. Il faut maintenant m'éclaircir,
Si dans sa perfidie elle a sçeu reüssir.
Il faut... Mais que pourrois-je apprendre davantage ?
Mon malheur n'est-il pas écrit sur son visage ?
Vois-je pas, au travers de son saisissement,
Un cœur dans ses douleurs content de son Amant?
Exempte des soupçons dont je suis tourmentée,
Ce n'est que pour ses jours qu'elle est inquietée.

N'im-

N'importe. Poursuivons. Elle peut comme moy
Sur des gages trompeurs s'assurer de sa foy.
Pour le faire expliquer tendons luy quelque piege.
Mais quel indigne employ moy-méme m'impo-
say-je ?
Quoy donc à me gesner appliquant mes esprits,
J'iray faire à mes yeux éclatter les mépris ?
Luy-mesme il peut prévoir & tromper mon a-
dresse.
D'ailleurs l'ordre, l'Esclave, & le Visir me presse.
Il faut prendre party, l'on m'attend. Faisons mieux,
Sur tout ce que j'ay veû fermons plûtost les yeux.
Laissons de leur amour la recherche importune.
Poussons à bout l'Ingrat, & tentons la fortune.
Voyons, si par mes soins sur le Trône élevé,
Il osera trahir l'amour qui l'a sauvé,
Et si de mes bienfaits lâchement liberale,
Sa main en osera couronner ma Rivale.
Je sçauray bien toûjours retrouver le moment
De punir, s'il le faut, la Rivale, & l'Amant.
Dans ma juste fureur observant le Perfide,
Je sçauray le surprendre avec son Atalide,
Et d'un mesme poignard les unissant tous deux,
Les percer l'un & l'autre, & moy-mesme apres
eux.
Sans doute j'ay trouvé le party qu'il faut prendre.
Je veux tout ignorer.

SCENE V.

ROXANE, ZATIME.

ROXANE.

AH que viens-tu m'apprendre,
Zatime? Bajazet en est-il amoureux ?
Vois-tu dans ses discours qu'ils s'entendent tous
deux ?

ZATIME.

Elle n'a point parlé. Toûjours évanoüie,

Madame, elle ne marque aucun reste de vie
Que par de longs soûpirs, & des gemissemens,
Qu'il semble que son cœur va suivre à tous momens.
Vos Femmes, dont le soin à l'envy la soulage,
Ont découvert son sein, pour leur donner passage.
Moy-mesme avec ardeur secondant ce dessein,
J'ay trouvé ce Billet enfermé dans son sein.
Du Prince vostre Amant j'ay reconnu la lettre,
Et j'ay crû qu'en vos mains je devois le remettre.

ROXANE.

Donne. Pourquoy frémir? Et quel trouble soudain
Me glace à cet objet, & fait trembler ma main?
Il peut l'avoir écrit sans m'avoir offensée.
Il peut mesme.... Lisons, & voyons sa pensée.

. . . . Ny la mort, ny vous-mesme,
Ne me ferez jamais prononcer que je l'aime,
Puis que jamais je n'aimeray que vous.

Ah! de la trahison me voila donc instruite.
Je reconnoy l'appas, dont ils m'avoient séduite.
Ainsi donc mon amour estoit récompensé,
Lache, indigne du jour que je t'avois laissé?
Ah! je respire enfin. Et ma joye est extréme,
Que le Traistre une fois se soit trahy luy-mesme.
Libre des soins cruels, où j'allois m'engager,
Ma tranquille fureur n'a plus qu'à se vanger.
Qu'il meure. Vangeons-nous. Courez. Qu'on le saisisse.
Que la main des Muets s'arme pour son supplice.
Qu'ils viennent préparer ces nœuds infortunez,
Par qui de ses pareils les jours sont terminez.
Cours, Zatime, sois promte à servir ma colere.

ZATIME.

Ah Madame!

ROXANE.

Quoy donc?

ZATIME.

Si sans trop vous déplaire,

Dans

Dans les justes transports, Madame, où je vous vois,
J'osois vous faire entendre une timide voix;
Bajazet, il est vray, trop indigne de vivre,
Aux mains de ces Cruels merite qu'on le livre.
Mais tout Ingrat qu'il est, croyez-vous aujourd'huy
Qu'Amurat ne soit pas plus à craindre que luy?
Et qui sçait si déja quelque bouche infidelle
Ne l'a point averty de vostre amour nouvelle?
Des cœurs comme le sien, vous le sçavez assez,
Ne se regagnent plus, quand ils sont offensez,
Et la plus promte mort dans ce moment severe
Devient de leur amour la marque la plus chere.

ROXANE.

Avec quelle insolence, & quelle cruauté,
Ils se joüoient tous deux de ma credulité!
Quel panchant, quel plaisir je sentois à les croire!
Tu ne remportois pas une grande victoire,
Perfide, en abusant ce cœur préoccupé,
Qui luy-mesme craignoit de se voir détrompé.
Tu n'as pas eû besoin de tout ton artifice,
Et je veux bien te faire encor cette justice,
Toy-mesme, je m'asseure, as rougy plus d'un jour,
Du peu qu'il t'en coustoit pour tromper tant d'amour.
Moy! Qui de ce haut rang qui me rendoit si fiere,
Dans le sein du malheur t'ay cherché la premiere,
Pour attacher des jours tranquiles, fortunez,
Aux périls dont tes jours estoient environnez,
Apres tant de bonté, de soin, d'ardeurs extrémes,
Tu ne sçaurois jamais prononcer que tu m'aimes!
Mais dans quels souvenirs me laissay-je égarer?
Tu pleures malheureuse? Ah! tu devois pleurer,
Lors que d'un vain desir à ta perte poussée,
Tu conçeus de le voir la premiere pensée,
Tu pleures? Et l'Ingrat tout prest à te trahir,
Prépare les discours dont il veut t'ebloüir.
Pour plaire à ta Rivale il prend soin de sa vie.
Ah! Traistre, tu mourras, Quoy tu n'es point partie?

Va... Mais nous-mesme allons, précipitons nos pas.
Qu'il me voye attentive au soin de son trépas,
Luy montrer à la fois. & l'ordre de son Frere,
Et de sa trahison ce gage trop sincere.
Toy, Zatime, retien ma Rivale en ces lieux,
Qu'il n'ait en expirant que ses cris pour adieux.
Qu'elle soit cependant fidellement servie.
Prens soin d'elle. Ma haine a besoin de sa vie.
Ah! si pour son Amant facile à s'attendrir,
La peur de son trépas la fit presque mourir;
Quel surcroist de vangeance & de douceur nouvelle,
De le montrer bientost pâle & mort devant elle,
De voir sur cet objet ses regards arrestez,
Me payer les plaisirs que je leur ay prestez!
Va, retien-la. Sur tout garde bien le silence.
Moy.. Mais qui vient icy differer ma vangeance?

SCENE VI.

ROXANE, ACOMAT, OSMIN.

ACOMAT.

QUe faites-vous, Madame? En quels retardemens
D'un jour si précieux perdez-vous les momens?
Bysance par mes soins presque entiere assemblée
Interroge ses Chefs, de leur crainte troublée.
Et tous, pour s'expliquer, ainsi que mes Amis,
Attendent le signal que vous m'aviez promis.
D'où vient que sans répondre à leur impatience,
Le Serrail cependant garde un triste silence?
Déclarez-vous, Madame, & sans plus differer....

ROXANE.

Oüy, vous serez content, je vais me déclarer.

ACOMAT.

Madame, quel regard, & quelle voix severe,
Malgré vostre discours m'assure du contraire?

Quoy

Quoy déja vostre amour des obstacles vaincu.....

ROXANE.

Bajazet est un traistre, & n'a que trop vescu.

ACOMAT.

Luy!

ROXANE.

Pour moy, pour vous-méme également perfide,
Il nous trompoit tous deux.

ACOMAT.

Comment?

ROXANE.

Cette Atalide,
Qui mesme n'estoit pas un assez digne prix,
De tout ce que pour luy vous avez entrepris....

ACOMAT.

Hé bien?

ROXANE.

Lisez. Jugez apres cette insolence,
Si nous devons d'un Traistre embrasser la défense.
Obeïssons plûtost à la juste rigueur
D'Amurat, qui s'approche & retourne vainqueur;
Et livrant sans regret un indigne complice,
Appaisons le Sultan par un promt sacrifice.

ACOMAT *luy rendant le Billet.*

Oüy, puis que jusques-là l'Ingrat m'ose outrager,
Moy-mesme, s'il le faut, je m'offre à vous vanger,
Madame. Laissez-moy nous laver l'un & l'autre
Du crime que sa vie a jetté sur la nostre.
Montrez-moy le chemin, j'y cours.

ROXANE.

Non, Acomat.
Laissez-moy le plaisir de confondre l'Ingrat.
Je veux voir son desordre, & joüir de sa honte.
Je perdrois ma vangeance en la rendant si pronte.
Je vais tout préparer. Vous cependant allez
Disperser promtement vos Amis assemblez.

SCENE VII.

ACOMAT, OSMIN.

ACOMAT.

DEmeure. Il n'est pas temps, cher Osmin, que je sorte.

OSMIN.

Quoy jusques-là, Seigneur, vostre amour vous transporte?
N'avez-vous pas poussé la vangeance assez loin?
Voulez-vous de sa mort estre encor le témoin?

ACOMAT.

Que veux-tu dire? Es-tu toy-mesme si crédule,
Que de me soupçonner d'un courroux ridicule?
Moy jaloux? Plût au Ciel, qu'en me manquant de foy,
L'imprudent Bajazet n'eust offensé que moy!

OSMIN.

Et pourquoy donc, Seigneur, au lieu de le défendre....

ACOMAT.

Et la Sultane est-elle en estat de m'entendre?
Ne voyois-tu pas bien, quand je l'allois trouver,
Que j'allois avec luy me perdre, ou me sauver?
Ah de tant de conseils évenement sinistre!
Prince aveugle! ou plutost trop aveugle Ministre!
Il te sied bien, d'avoir en de si jeunes mains,
Chargé d'ans, & d'honneurs, confié tes desseins,
Et laissé d'un Visir la fortune flottante
Suivre de ces Amans la conduite imprudente.

OSMIN.

Hé laissez-les entre eux exercer leur courroux,
Bajazet veut perir, Seigneur, songez à vous.
Qui peut de vos desseins revéler le mystere,
Sinon quelques Amis engagez à se taire?
Vous verrez par sa mort le Sultan adoucy.

ACOMAT.

Roxane en sa fureur peut raisonner ainsy.

Mais

Mais moy, qui voy plus loin, qui par un long usage
Des maximes du Trône ay fait l'aprentissage,
Qui d'emplois en emplois vieilly sous trois Sultans,
Ay veû de mes pareils les malheurs éclattans,
Je sçay, sans me flatter, que de sa seule audace
Un Homme tel que moy doit attendre la grace,
Et qu'une mort sanglante est l'unique traité
Qui reste entre l'Esclave, & le Maistre irrité.

OSMIN.

Fuyez donc.

ACOMAT.

J'approuvois tantost cette pensée,
Mon entreprise alors estoit moins avancée,
Mais il m'est desormais trop dur de reculer.
Par une belle chute il faut me signaler,
Et laisser un débris du moins apres ma fuite,
Qui de mes Ennemis retarde la poursuite.
Bajazet vit encor. Pourquoy nous étonner?
Acomat de plus loin a sceû le ramener.
Sauvons-le, malgré luy, de ce péril extréme;
Pour nous, pour nos Amis, pour Roxane elle-mesme.
Tu vois combien son cœur prest à le protéger,
A retenu mon bras trop promt à la vanger.
Je connoy peu l'amour. Mais j'ose te répondre
Qu'il n'est pas condanné puis qu'on veut le confondre,
Que nous avons du temps. Malgré son desespoir
Roxane l'aime encore, Osmin, & le va voir.

OSMIN.

Enfin que vous inspire une si noble audace?
Si Roxane l'ordonne, il faut quitter la place.
Ce Palais est tout plein. . .

ACOMAT.

Oüy, d'Esclaves obscurs,
Nourris loin de la guerre, à l'ombre de ses Murs.
Mais toy, dont la valeur d'Amurat oubliée
Par de communs chagrins à mon sort s'est liée,
Voudras-tu jusqu'au bout seconder mes fureurs?

OSMIN.

Seigneur, vous m'offensez. Si vous mourez, je
meurs.

ACOMAT.

D'Amis, & de Soldats une troupe hardie
Aux portes du Palais attend nostre sortie.
La Sultane d'ailleurs se fie à mes discours.
Nourry dans le Serrail j'en connoy les détours.
Je sçay de Bajazet l'ordinaire demeure.
Ne tardons plus. Marchons. Et s'il faut que je
meure,
Mourons, moy, cher Osmin, comme un Visir; &
toy,
Comme le Favory d'un Homme tel que moy.

Fin du Quatriéme Acte.

ACTE V.

SCENE PREMIERE.

ATALIDE *seule.*

HElas! je cherche en vain. Rien ne s'offre à ma veuë ?
Malheureuse! Comment puis-je l'avoir perduë ?
Ciel, aurois-tu permis que mon funeste amour
Exposast mon Amant tant de fois en un jour,
Que pour dernier malheur, cette Lettre fatale
Fust encor parvenuë aux yeux de ma Rivale ?
J'estois en ce lieu mesme, & ma timide main,
Quand Roxane a paru, l'a cachée en mon sein,
Sa présence a surpris mon ame desolée
Ses menaces, sa voix, un ordre m'a troublée.
J'ay senty defaillir ma force, & mes esprits.
Ses Femmes m'entouroient quand je les ay repris.
A mes yeux étonnez leur troupe est disparuë.
Ah trop cruelles mains qui m'avez secouruë !
Vous m'avez vendu cher vos secours inhumains,
Et par vous cette Lettre a passé dans ses mains.
Quels desseins maintenant occupent sa pensée ?
Sur qui sera d'abord sa vangeance exercée?
Quel sang pourra suffire à son ressentiment ?
Ah ! Bajazet est mort, ou meurt en ce moment.
Cependant on m'arreste, on me tient enfermée.
On ouvre. De son sort je vais estre informée.

SCENE II.

ROXANE, ATALIDE, ZATIME.

ROXANE.

Retirez-vous.

ATALIDE.

Madame ... Excusez l'embarras....

ROXANE.

Retirez-vous, vous dis-je, & ne repliquez pas.
Gardes, qu'on la retienne.

SCENE III.

ROXANE, ZATIME.

ROXANE.

Oüy, tout est prest, Zatime,
Orcan, & les Muets attendent leur Victime.
Je suis pourtant toûjours maistresse de son sort.
Je puis le retenir. Mais s'il sort, il est mort.
Vient-il?

ZATIME.

Oüy, sur mes pas un Esclave l'ameine.
Et loin de soupçonner sa disgrace prochaine,
Il m'a paru, Madame, avec empressement
Sortir, pour vous chercher, de son Apartement.

ROXANE.

Ame lâche, & trop digne enfin d'estre déceuë,
Peux-tu souffrir encor qu'il paroisse à ta veuë?
Crois-tu par tes discours le vaincre ou l'étonner?
Quand mesme il se rendroit peux-tu luy pardonner?
Quoy ne devrois-tu pas estre déja vangée?
Ne crois-tu pas encor estre assez outragée?
Sans perdre tant d'efforts sur ce cœur endurcy,
Que ne le laissons-nous périr.... Mais le voicy.

SCE.

SCENE IV.

BAJAZET, ROXANE.

ROXANE.

Je ne vous feray point des reproches frivoles.
Les momens ſont trop chers pour les perdre en paroles.
Mes ſoins vous ſont connus. En un mot vous vivez,
Et je ne vous dirois que ce que vous ſçavez.
Malgré tout mon amour, ſi je n'ay pû vous plaire,
Je n'en murmure point. Quoy qu'à ne vous rien taire,
Ce meſme amour peut-eſtre, & ces meſmes bienfaits
Auroient dû ſuppléer à mes foibles attraits.
Mais je m'étonne enfin, que pour reconnoiſſance
D'un amour appuyé ſur tant de confiance,
Vous ayez ſi longtemps, par des détours ſi bas,
Feint un amour pour moy, que vous ne ſentiez pas.

BAJAZET.

Qui moy, Madame?

ROXANE.

Oüy, toy. Voudrois-tu point encore
Me nier un mépris que tu crois que j'ignore?
Ne prétendrois-tu point par tes fauſſes couleurs
Déguiſer un amour qui te retient ailleurs,
Et me jurer enfin d'une bouche perfide,
Tout ce que tu ne ſens que pour ton Atalide?

BAJAZET.

Atalide, Madame! O Ciel! Qui vous a dit...

ROXANE.

Tien, perfide, regarde, & démens cet écrit.

BAJAZET.

Je ne vous dy plus rien. Cette Lettre ſincere,
D'un malheureux amour contient tout le myſtere.

Vous sçavez un secret, que tout prest à s'ouvrir
Mon cœur à mille fois voulu vous découvrir.
J'aime, je le confesse, & devant qu'à ma veuë
Prévenant mon espoir vous fussiez apparuë,
Déja plein d'un amour dés l'enfance formé
A tout autre desir mon cœur estoit fermé.
Vous me vinstes offrir, & la vie, & l'Empire,
Et mesme vostre amour, si j'ose vous le dire.
Consultant vos bienfaits, les crut, & sur leur foy
De tous mes sentimens vous répondit pour moy.
Je connus vostre erreur. Mais que pouvois-je faire?
Je vis en mesme temps qu'elle vous estoit chere.
Combien le Trône tente un cœur ambitieux!
Un si noble présent me fit ouvrir les yeux.
Je chéry, j'acceptay, sans tarder davantage,
L'heureuse occasion de sortir d'esclavage;
D'autant plus qu'il falloit l'accepter, ou périr.
D'autant plus que vous-mesme ardente à me l'offrir,
Vous ne craigniez rien tant que d'estre refusée,
Que mesme mes refus vous auroient exposée,
Qu'apres avoir osé me voir & me parler,
Il estoit dangereux pour vous de reculer.
Cependant je n'en veux pour témoins que vos plaintes,
Loin de vous abuser par des promesses feintes,
Songez combien de fois vous m'avez reproché
Un silence, témoin de mon trouble caché.
Plus l'effet de vos soins, plus ma gloire estoient proches,
Plus mon cœur interdit se faisoit de reproches.
Le Ciel, qui m'entendoit, sçait bien qu'en mesme temps,
Je ne m'arrestois pas à des vœux impuissans,
Et si l'effet enfin suivant mon esperance
Eust ouvert un champ libre à ma reconnoissance,
J'aurois par tant d'honneurs, par tant de dignitez,
Contenté vostre gloire, & payé vos bontez,
Que vous-mesme peut-estre....

ROXANE.

Et que pourrois-tu faire?
Sans l'offre de ton cœur par où peux-tu me plaire?
Quels seroient de tes vœux les inutiles fruits?
Ne te souvient-il plus de tout ce que je suis?
Maistresse du Serrail, arbitre de ta vie,
Et mesme de l'Estat qu'Amurat me confie,
Sultane, & ce qu'en vain j'ay crû trouver en toy,
Souveraine d'un cœur qui n'eust aimé que moy;
Dans ce comble de gloire où je suis arrivée,
A quel indigne honneur m'avois-tu reservée?
Traisnerois-je en ces lieux un sort infortuné,
Vil rebut d'un Ingrat que j'aurois couronné,
De mon rang descenduë, à mille autres égale,
Ou la premiere Esclave enfin de ma Rivale?
Laissons ces vains discours. Et sans m'importuner,
Pour la derniere fois veux-tu vivre & regner?
J'ay l'ordre d'Amurat, & je puis t'y soustraire.
Mais tu n'as qu'un moment. Parle.

BAJAZET.

Que faut-il faire?

ROXANE.

Ma Rivale est icy. Suy-moy sans differer.
De ton cœur par sa mort vien me voir m'assurer,
Et libre d'un amour à ta gloire funeste
Vien m'engager ta foy, le temps fera le reste.
Ta grace est à ce prix, si tu veux l'obtenir.

BAJAZET.

Je ne l'accepterois que pour vous en punir,
Que pour faire éclatter aux yeux de tout l'Empire
L'horreur & le mépris que cette offre m'inspire.
Mais à quelle fureur me laissant emporter
Contre ses tristes jours vais-je vous irriter?
De mes emportemens elle n'est point complice,
Ny de mon amour mesme, & de mon injustice.
Loin de me retenir par des conseils jaloux,
Si mon cœur l'avoit cruë, il ne seroit qu'à vous.
Confessant vos bienfaits, reconnoissant vos charmes,

Elle a pour me fléchir employé jusqu'aux larmes.
Toute preste vingt fois à se sacrifier,
Par sa mort elle-mesme a voulu nous lier.
En un mot séparez ses vertus de mon crime,
Poursuivez, s'il le faut, un courroux legitime,
Aux ordres d'Amurat hastez-vous d'obeïr,
Mais laissez-moy du moins mourir sans vous haïr.
Amurat avec moy ne l'a point condannée.
Epargnez une vie assez infortunée.
Ajoûtez cette grace à tant d'autres bontez,
Madame. Et si jamais je vous fus cher....

ROXANE.

Sortez.

SCENE V.

ROXANE, ZATIME

ROXANE.

Pour la derniere fois, Perfide, tu m'as veuë,
Et tu vas rencontrer la peine qui t'est deuë.

ZATIME.

Atalide à vos pieds demande à se jetter,
Et vous prie un moment de vouloir l'écouter,
Madame. Elle vous veut faire l'aveu fidelle
D'un secret important, qui vous touche plus qu'elle.

ROXANE.

Oüy, qu'elle vienne. Et toy, suy Bajazet qui sort,
Et quand il sera temps, vien m'apprendre son sort.

SCENE VI.

ROXANE, ATALIDE.

ATALIDE.

Je ne viens plus, Madame, à feindre disposée,
Tromper vostre bonté si longtemps abusée,
Confuse, & digne objet de vos inimitiez,

Je viens mettre mon cœur, & mon crime à vos pieds.
Oüy, Madame, il est vray que je vous ay trompée.
Du soin de mon amour seulement occupée,
Quand j'ay veû Bajazet, loin de vous obeïr,
Je n'ay dans mes discours songé qu'à vous trahir.
Je l'aimay dés l'enfance. Et dés ce temps, Madame,
J'avois par mille soins sçeû prévenir son ame.
La Sultane sa Mere, ignorant l'avenir,
Helas, pour son malheur ! se plût à nous unir.
Vous l'aimastes depuis. Plus heureux l'un & l'autre,
Si connoissant mon cœur, ou me cachant le vostre,
Vostre amour de la mienne eust sçeû se défier ?
Je ne me noircis point, pour le justifier.
Je jure par le Ciel, qui me voit confonduë,
Par ces grands Ottomans, dont je suis descenduë,
Et qui tous avec moy vous parlent à genoux,
Pour le plus pur du sang, qu'ils ont transmis en nous.
Bajazet à vos soins tost ou tard plus sensible,
Madame, à tant d'attraits n'estoit pas invincible.
Jalouse, & toûjours preste à luy representer
Tout ce que je croyois digne de l'arrester,
Je n'ay rien negligé, plaintes, larmes, colere,
Quelquefois attestant les Manes de sa Mere ;
Ce jour-mesme, des jours le plus infortuné,
Luy reprochant l'espoir qu'il vous avoit donné,
Et de ma mort enfin le prenant à partie,
Mon importune ardeur ne s'est point rallentie,
Qu'arrachant, malgré luy, des gages de sa foy,
Je ne sois parvenuë à le perdre avec moy.
Mais pourquoy vos bontez seroient-elles lassées?
Ne vous arrestez point à ses froideurs passées ?
C'est moy qui l'y forçay. Les nœuds que j'ay rompus
Se rejoindront bientost, quand je ne seray plus.
Quelque peine pourtant qui soit deuë à mon crime,

N'or-

N'ordonnez pas vous-mesme une mort legitime,
Et ne vous montrez point à son cœur éperdu,
Couverte de mon sang par vos mains répandu.
D'un cœur trop tendre encore épargnez la foibles-
se.
Vous pouvez de mon sort me laisser la maistresse,
Madame, mon trépas n'en sera pas moins pront.
Joüissez du bonheur, dont ma mort vous répond.
Couronnez un Héros, dont vous serez chérie.
J'auray soin de ma mort, prenez soin de sa vie.
Allez, Madame, allez. Avant vostre retour
J'auray d'une Rivale affranchy vostre amour.

ROXANE.

Je ne mérite pas un si grand sacrifice.
Je me connoy, Madame, & je me fais justice.
Loin de vous séparer, je prétens aujourd'huy
Par des nœuds éternels vous unir avec luy.
Vous joüirez bientost de son aimable veuë.
Levez-vous. Mais que veut Zatime toute émuë?

SCENE VII.

ROXANE, ATALIDE, ZATIME.

ZATIME.

AH venez vous montrer, Madame, ou desor-
mais,
Le rebelle Acomat est Maistre du Palais,
Profanant des Sultans la demeure sacrée,
Ses criminels Amis en ont forcé l'entrée.
Vos Esclaves tremblans, dont la moitié s'enfuit,
Doutent si le Visir vous sert, ou vous trahit.

ROXANE.

Ah les traistres! Allons, & courons le confondre.
Toy, garde ma Captive, & songe à m'en répondre.

SCE-

SCENE. VIII.

ATALIDE, ZATIME.

ATALIDE.

Helas ! Pour qui mon cœur doit-il faire des vœux ?
J'ignore quel dessein les anime tous deux.
Si de tant de malheurs quelque pitié te touche,
Je ne demande point, Zatime, que ta bouche
Trahisse en ma faveur Roxane & son secret.
Mais de grace, dy-moy ce que fait Bajazet.
L'as-tu veû ? Pour ses jours n'ay-je encor rien à craindre ?

ZATIME.

Madame, en vos malheurs je ne puis que vous plaindre.

ATALIDE.

Quoy Roxane déja l'a-t-elle condanné ?

ZATIME.

Madame, le secret m'est sur tout ordonné.

ATALIDE.

Malheureuse, dy-moy seulement s'il respire.

ZATIME.

Il y va de ma vie, & je ne puis rien dire.

ATALIDE.

Ah ç'en est trop, Cruelle. Acheve, & que ta main
Luy donne de ton zele un gage plus certain.
Perce toy-mesme un cœur que ton silence accable,
D'une Esclave barbare Esclave impitoyable,
Précipite des jours qu'elle me veut ravir,
Montre-toy, s'il se peut, digne de la servir.
Tu me retiens en vain. Et dés cette mesme heure
Il faut que je le voye, ou du moins que je meure.

SCE-

SCENE IX.

ATALIDE, ACOMAT, ZATIME.

ACOMAT.

AH que fait Bajazet? Où le puis-je trouver,
Madame? Auray-je encor le temps de le sauver?
Je cours tout ce Palais. Et mesme dés l'entrée
De mes braves Amis la moitié séparée
A marché sur les pas du courageux Osmin.
Le reste m'a suivy par un autre chemin.
Je cours, & je ne voy que des troupes craintives,
D'Esclaves effrayez, de Femmes fugitives.

ATALIDE.

Ah! Je suis de son sort plus instruite que vous,
Cette Esclave le sçait.

ACOMAT.

Crains mon juste courroux,
Malheureuse, répons.

SCENE X.

ATALIDE, ACOMAT, ZATIME, ZAIRE.

ZAIRE.

MAdame!

ATALIDE.

Hé bien, Zaïre?
Qu'est-ce?

ZAIRE.

Ne craignez plus. Vostre Ennemie expire.

ATALIDE.

Roxane?

ZAIRE.

Et ce qui va bien plus vous étonner,
Orcan luy-mesme, Orcan vient de l'assassiner.

ATA-

ATALIDE.

Quoy luy ?

ZAIRE.

Desesperé d'avoir manqué son crime,
Sans doute il a voulu prendre cette Victime.

ATALIDE.

Juste Ciel, l'innocence a trouvé vostre appuy.
Bajazet vit encor, Visir, courez à luy.

ZAIRE.

Par la bouche d'Osmin vous serez mieux instruite,
Il a tout veû.

SCENE XI.

ATALIDE, ACOMAT, ZAIRE, OSMIN.

ACOMAT.

Ses yeux ne l'ont-ils point séduite ?
Roxane est-elle morte ?

OSMIN.

Oüy, j'ay veû l'Assassin
Retirer son poignard tout fumant de son sein.
Luy-mesme d'aussi loin qu'il nous a veûs paroistre,
Connoissez, a-t-il dit, l'ordre de vostre Maistre,
Perfides, & voyant le sang que j'ay versé,
Voyez ce que m'enjoint son amour offensé.
A ce discours, laissant la Sultane expirante,
Il a marché vers nous, & d'une main sanglante
Il nous a déployé l'ordre, dont Amurat
Autorise ce Monstre à ce double attentat.
Mais, Seigneur, sans vouloir l'écouter davantage,
Transportez à la fois de douleur, & de rage,
Nos bras impatiens ont puny son forfait,
Et vangé dans son sang la mort de Bajazet.

ATALIDE.

Bajazet ?

ACOMAT.

Que dis-tu ?

OS-

OSMIN.

Bajazet est sans vie.
Ne le sçaviez-vous pas?

ATALIDE.

O Ciel!

OSMIN.

Cette Furie,
Prés de ces lieux, Seigneur, craignant vostre secours,
Avoit à ce Perfide abandonné ses jours.
Moy-mesme des Objets j'ay veû le plus funeste,
Et de sa vie en vain j'ay cherché quelque reste.
Bajazet estoit mort. Nous l'avons rencontré
De morts & de mourans noblement entouré,
Que vangeant sa défaite, & cedant sous le nombre,
Ce Héros a forcez d'accompagner son Ombre.
Mais puis que ç'en est fait, Seigneur, songeons à nous.

ACOMAT.

Ah destins ennemis, où me réduisez-vous!
Je sçais en Bajazet la perte que vous faites,
Madame. Je sçais trop qu'en l'état où vous estes,
Il ne m'appartient point de vous offrir l'appuy
De quelques Malheureux, qui n'esperoient qu'en luy.
Saisy, desesperé d'une mort qui m'accable.
Je vais, non point sauver cette teste coupable,
Mais redevable aux soins de mes tristes Amis,
Défendre jusqu'au bout leurs jours qu'ils m'ont commis.
Pour vous, si vous voulez, qu'en quelque autre contrée
Nous allions confier vostre Teste sacrée,
Madame, consultez. Maistres de ce Palais
Mes fidelles Amis attendront vos souhaits.
Et moy, pour ne point perdre un temps si salutaire,
Je cours où ma présence est encor nécessaire,
Et jusqu'au pied des Murs que la Mer vient laver,
Sur mes Vaisseaux tout-prests je viens vous retrouver.

SCE-

SCENE DERNIERE.

ATALIDE, ZAIRE.

ATALIDE.

ENfin ç'en est donc fait. Et par mes artifices,
Mes injustes soupçons, mes funestes caprices,
Je suis donc arrivée au douloureux moment,
Où je voy par mon crime expirer mon Amant.
N'estoit-ce pas assez, cruelle Destinée,
Qu'à luy survivre helas ! je fusse condannée ?
Et falloit-il encor que pour comble d'horreurs
Je ne pûsse imputer sa mort qu'à mes fureurs ?
Ouy, c'est moy, cher Amant, qui t'arrache la vie.
Roxane, ou le Sultan, ne te l'ont point ravie.
Moy seule j'ay tissu le lien malheureux,
Dont tu viens d'éprouver les détestables nœuds.
Et je puis, sans mourir, en souffrir la pensée ?
Moy, qui n'ay pû tantost, de ta mort menassée,
Retenir mes esprits, promts à m'abandonner !
Ah ! N'ay-je eû de l'amour, que pour t'assassiner ?
Mais ç'en est trop. Il faut par un promt sacrifice,
Que ma fidelle main te vange, & me punisse.
Vous, de qui j'ay troublé la gloire, & le repos,
Héros, qui deviez tous revivre en ce Héros,
Toy, Mere malheureuse, & qui dés nostre enfance,
Me confias son cœur, dans une autre esperance,
Infortuné Visir, Amis desesperez,
Roxane, venez tous contre moy conjurez,
Tourmenter à la fois une Amante éperduë, * *Elle se*
Et * prenez la vangeance enfin qui vous est duë. *tuë.*

ZAIRE.

Ah Madame.... Elle expire. O Ciel ! En ce malheur
Que ne puis-je avec elle expirer de douleur.

FIN.

www.ingramcontent.com/pod-product-compliance
Lightning Source LLC
LaVergne TN
LVHW010033230826
846091LV00005B/1681

* 9 7 8 2 3 2 9 6 9 4 2 6 9 *